前进·转弯·停止
知进退才能开好车

はしるまがるとまる
――もっと楽しいクル
マの運転

[比] 保罗·弗雷尔（Paul Frère）著
汪云云 译

江西人民出版社
Jiangxi People's Publishing House
全国百佳出版社

序言

给不安的你和自以为熟练的你

　　这本书不是给像迈克尔·舒马赫那样的专业赛车手看的,也不是给那些准备要参加比赛的选手看的。这本书是一本作为驾校学习的一个补充及巩固的辅导书。此外,我认为这本书对于那些虽然每天都在开着车、可是内心依然没太多自信的人来说,也是一本不可多得的好书。

　　刚拿到驾照的人开车时内心大多是不安的。有驾照的人一般都会简单的点火、起步、停车、转向等操作,但这并不意味着他们立刻就能很熟练地开车、遇到紧急情况时能够临机应变。拿到驾照,说明你应该理解了相关的交通法规。但驾校的老师只是能让你通过考试,并且可以在路上学开车而已。

书是经验的加速器

　　开车是需要经验积累的。比如,停车、超车的时候需要一定距离。在判断这个距离的时候,如果没有一定经验是很难做到的。还有就是我们在道路上行驶的时候,有时会遇到一些意想不到的危险情况，面对这些危险情况更要靠自己瞬间的判断能力，而这种判断能力在很大的程度上是被经验所左右的。此外，在开车的时候，只要你记住一些小窍门，就会给你超乎想象的安全、便捷、舒适，而这种小窍门也是要靠经验积累的。

　　虽然经验不是靠读书就能立刻积累的简单事物，但是书本能够起增加一定经验的作用。自己原本在实际生活中也许会遭遇不幸，但是通过阅读书籍提前积累了一点经验，就可以避免不幸事情的发生。换句话说，驾驶员通过阅读书籍可以强化自己的经验，可以更加安全地开车。而这，也是本书的目的。

保罗·弗雷尔

作者其人

保罗·弗雷尔虽然是一名曾在法国勒芒24小时耐力赛上获胜并且曾代表法拉利车队参加F1大奖赛的超级赛车手,可实际上他的本职工作却是评论记者。在他的评论里实践和理论有机地结合在一起,所以,他的评论文章不仅仅受普通大众喜爱,在专门的汽车相关人员里也非常有人气。有的汽车厂商在开发新车型的时候,为了得到他的建议与指导而直接与他签订顾问协议。实际上,虽然他已经远离赛道很久了,可是要是和现役的顶级赛车手在赛道比试的话,他依然能取得不逊色于现役顶级选手的令人惊叹的成绩。

看到这里,大家都会认为他是一个年轻、充满活力的人吧?然而事实是,保罗·弗雷尔出生于1917年,是快接近88岁高龄的老人了。虽然平时稍微有点驼背,但他没有输给长年的岁月,一旦握住方向盘,他整个人就会精神抖擞、充满能量。在日常生活中,只要听到欧洲哪里有新车型发布会,他就会驾驶自己的保时捷爱车从摩纳哥的住所飞奔而去。接到日本制造商邀请的时候,也会不远万里赶赴日本。在最近与他的联系中,我们得知他"最近试驾了在勒芒连续三次获胜的奥迪赛车,特别高兴"。

重视感染力

从保罗的经历里可以知道,他是一个拥有丰富知识和经验的人。而且,他是在追求极速的世界(以赛车为首),换句话说是危险世界里生存下来的人。因此,他深知安全为第一要务,知道哪些是重要的,哪些是不重要的。最重要的事是,我们如何规避那些会带来悲惨结果的高速事故、突发事故。虽然像纵向停车、倒车入库等操作也是不可忽视的,但是比这些更加重要的是怎样预防和生命有直接关系的重大事故。因此,这里就不得不说到控制汽车动向的"物力论",其实也就是要在脑海中时刻谨记"力的作用关系"这一点。本书的最大特点就是对这点进行了简单通俗的说明。本书的书名也是从这点出发而命名的,因为这三个词集中概括了汽车的主要操作要点。与此同时,我们要靠自己的意识和判断来自由自在地操作汽车,而不是被汽车所束缚。

编辑部
2004 年

目录

第1章　启动之前
纯自动挡车的时代……10
正确姿势……17

第2章　不安是这样消失的
常有危险意识……28
这个时候怎么做……31

第3章　有节奏地开车
聪明的开车方法……42
正式开车兜风啦……51

第4章　欢迎来到动力世界
快速是无罪的……56
会说话的车灯……63
转弯方法……66
安全的超车法……74
发生问题时……78
轮胎是汽车的生命……84
建议用左脚踩油门……98

第5章　物理的法则是不变的
考虑"前进、转弯、停止"……104
用最短距离停车的方法……110
快速制动……115
转弯原理……120
汽车漂起来！……134
驾驶辅助装置是什么……137

第6章　读懂宣传手册
选择正确的汽车……140
仅靠发动机是无法移动汽车的……149

第7章　汽车的朝气
驾驶时也需要维修保养……158
质量第一……165
汽车是反映司机的镜子……175

出版后记……181

第1章

启动之前

前进
转弯
停止

纯自动挡车的时代

开法拉利还太早

就算是再有钱的人,刚拿到驾照的时候也不会买法拉利、保时捷等豪车。这些豪车的马力很足,对于新手来说很难控制,开这些车相当危险。建议新手还是选择一些车况尚佳的二手小型车或中型车,以此来积累一些驾驶经验比较好。

除此之外,买车之后一定要买车险。刚

开车的新手比较容易发生事故。像法拉利那样高性能的车，光是买保险就需要高额的费用；可如果买的是二手车，就算因为发生事故而损坏，也不需要花太多的钱。

毫不犹豫选择自动挡！

在考虑买什么车之前，须先决定买哪种变速器。变速器大体上分为两种，一种是手动挡，另一种是自动挡。如果主要是在市里开，或是经常往返于市区和郊区，那么建议买自动挡的车。

虽然一些数据显示自动挡车在价格、耗油量、加速时间、最高时速等方面都比同规格的手动挡车要逊色一点，可是这仅仅是一些"纸上谈兵"的数据。那些刊载在汽车介绍宣传册、杂志上的数据都是汽车专家为了测出汽车的各项性能，从职业的角度进行性能测试得到的。因此，在启动时，他们就像是要赛车似的拼命烧胎，或是在变速的时候粗暴地操作挡杆、加速时不顾发动机发出的警告猛踩油门。如果重复这样的操作100次的话，轮胎和挡杆

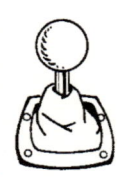

肯定是会报废的。与此相比，自动挡的车就像它的字面意思一样是全自动的，只要踩一下油门，就能轻轻松松实现变速。就算重复上面的性能测试100次，也不会对车辆造成伤害。还有更重要的一点——选择什么样的车和你家周围的交通环境密切相关。如果你家周围比较空旷，或是你需要经常在高速上开车，当然手动挡是比较好的选择；如果不是，那就选自动挡吧。

速度是不变的

喜欢运动或是比较活泼的司机一般比较想自己控制行车速度。现在市场上所销售的自动挡车除了全部的变速是通过机器来调节之外，还为这一类司机准备了可以自己调速的手动挡模式。自动挡模式下除了D挡之外还有运动型的S挡。手动挡模式根据操作方式的不同可以细分为两种：一种是以前就有的，通过挡杆的操作来进行换挡变速；另外一种是最近才出现的，通过预先设定好的手动挡专用开关，使用电气信号来实现变速。后者被称为连续式或是芯片式。"+"是升挡，"-"是降挡。司机可以通过挡杆来选择模式。

在这里，再次探讨一下自动挡的长处和短处。结论如下，虽然自动挡的车比手动挡的车多消耗10%左右的燃料，但是它的性能却并不像大家所想的那么差。赛车般的驾驶方式则另当别论，人们在日常开车时不会高频率地

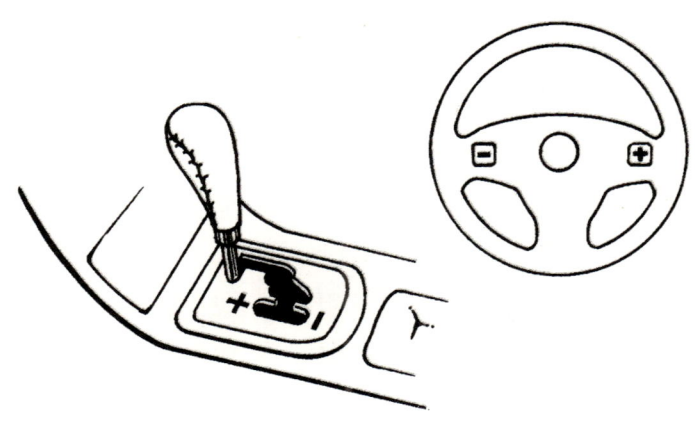

变速。所以在通常情况下，在行驶相同的距离时，自动挡的车和手动挡的车所需时间几乎没有差别。

王牌——手动模式

虽然自动挡的车相当好，可是它也有弱点。其最大的弱点就是自动挡的行驶主要依靠机械，而机械是无法对你的行动进行任何预判的。比如说在司机猛踩油门的时候，或者是自动挡的车在自动降挡的时候。在自动降挡的时候，车速虽然会下降得非常快，但是这种快只是因为挡位齿轮已经无法维持汽车运作罢了。

后者的降挡被称为"强制降挡"，离速度真正降下来还是需要一定的时间。因此，为了提高反应的速度，需要在加速之前就选择好挡位，而让这件事变成可能就是手动模式了。为了能够更加快捷、更加准确地实现变速，手自一体的车现在特别常见。

现在，连F1专用赛车也配备了手自一体变速箱。但是这个手自一体式和普通的有点区别，它内置了离合器。它之所以能够代替人进行各种驾驶操作，是因为它的内部结构里有相当于人类大脑的电子学结构，以及相当于人类手脚的油压力。实际上有些运动型车或是越野车也装上了和F1赛车一样的变速系统，只不过安装它们的理由是"装上它们，汽车的性能不会下降，油耗量也不会上升。"但是从原理的角度来看，手动挡变挡的顺滑程度还是没有自动挡好，所以不推荐除了自动挡车之外不驾驶其他任何类型车的驾驶员使用这些配备。

右方向盘的风险

接下来，考虑一下方向盘的位置。众所周知，在中国，车辆是沿道路右边行驶的，所以在中国销售的国产车都是"左方向盘"。然而，有的人觉得右方向盘很酷，会选择右方向盘的进口车。但是在中国，驾驶右方向盘的汽车是违法的，同时还存在着一定风险。坐在右边开车，不仅交路桥费或是停车费不方便，在超车的时候也是非常危险的。为什么这样说呢？在单车道的情况下，越过中间线之后，如果不驶入中间线左边车道，是无法确定对面是否来车的。最坏的情况就是当我们看到对方的时候，对方已经撞过来了。关于这点，后面会详细说明。

正确姿势

牢牢记住

　　汽车上的任何设备都有使用说明书（简称"说明书"）。说明书中详细说明了什么东西在什么地方、怎样启动汽车等内容。而目前市场上的汽车中配备了许多和驾驶没有直接关系的东西，像收音机、空调之类的配备已经成为常态，高级音响、导航系统也并不稀奇，现在甚至还有发送电子邮件功能的设备。这些设备的增多使得现在的说明书非常厚，两百页已经算少的，更甚者有三四百页之多。对于好不容易才入手新车，想要立刻体验新车的你来说，把那么厚的说明书全部读完，有点不可能。

　　但是话虽如此，在开车之前，还是需要将相关基础知识阅读一下。基础知识包括：挡位的分布、各种开关的位置、座椅和方向盘的调节方法、各种工具所在的位置及各种东西的使用方法，等等。此外，你一定要确认一下你的爱车有没有安装制动防抱死系统（ABS）、牵引力控制系统（TCS）、车身稳定控制系统（VSC）和车身电子稳定系统（ESC）等东西。说到为什么要确认是否有这些系统，这是因为这些系统的有无会对我们遇到紧急情况时采取的处理应对方法的选择产生影响。关于这些系统构造的说明会在本书的后面（第110页和第137页）进行详细的解释。

要看得更远

在开车时，姿势是非常重要的。如果姿势正确，就能实现安全驾驶、愉快驾驶。现在的汽车已经实现了根据司机体型的大小来调整座位的功能了，可以满足身高在155～195厘米区域内的司机的需求。在驾驶席的座位上设置了滑动调整（调整前后位置）和自动调整（调节靠椅角度）功能，有的甚至还配备了调整头枕高度的功能。此外，目前一般的汽车都配备了可以调整方向盘上下高度的倾斜式方向盘，有的汽车甚至配备了能调整前后位置的方向盘。现在，安全带带绳的位置在大多数的情况下都是可以调节的。

　　然而，如果不能正确使用这些特意设置成可调节的设备，那它们就没有任何意义了。特别是新手在刚开车的时候，有将座位调得特别靠前的倾向。这是没必要的。司机在开车的时候要能够迅速觉察到危险，对危险做出反应，任何时候都能控制住车的方向，就需要看得更远，而不是将座位调前只关注眼前的环境。对于"看更远"，大家可能没有什么具体概念。用具体的数字来说，例如，大家会觉得20公里/小时是一个非常缓慢的速度，但就是这样的一个速度，你至少需要观察到前方10米左右的各种交通环境，否则出现危险的时候会很难及时应对。此外，速度越快，你所需要观察的距离就会越长，这个距离一般是速度数值的平方。为什么是这个数值，我们后面再进行解释。看得远一些这一点非常重要，大家一定要铭记于心。

靠后坐

那么,怎样的开车姿势比较好呢?开车时,最重要的事情就是身体和方向盘之间的距离合适。首先需要做的就是坐到座椅上,调整前后的距离和座椅靠背。这时候要尽可能地将身体向后坐,最关键的一点是要让屁股紧贴靠椅,中间不留一点缝隙。之后保持这样的姿势,试着双手握住方向盘。如果握住方向盘

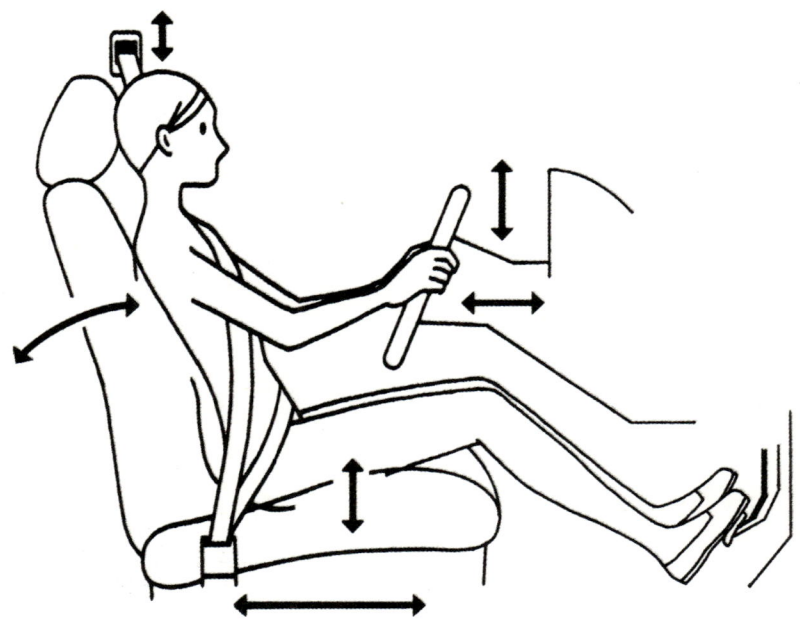

的最上面时，后背还紧贴着靠背，没有离开，这样的距离就是合适的。如果身体前屈了，就要进行相应的调整，直至符合前面所说的要求。这样在转弯的时候，就算有"离心力"的作用，靠背也能支撑着我们。只有在这种状态下，你才能轻松操纵方向盘，了解道路的状况，找到开车的手感。

从上述说明我们可以知道：并不是抓住方向盘不动就可以了，支撑我们身体的只有座椅。其中，靠背是非常重要的。

两只手要握9点15分的角度的位置

我们手握方向盘的时候，手要放在什么位置呢？

答案是：将方向盘看作时钟的话，在开车的时候，只要双手之间呈9点15分或10点10分，抑或是在这两个时间点之间的任何时间点，都是正确的。在这里，不用说大家也能明白，"时"指的是左手，"分"指的是右手位置。这样在打方向盘的时候，不要做任何多余的动

作都能将方向盘向左右最大打到四分之三圈左右。如果你坐得离方向盘比较远的话，即使在打四分之一圈方向盘的时候，你也必须要前倾身体去完成，这会导致你的上身无法保持稳定状态，反之亦然，如果你坐得太近的话，在打方向盘的时候胳膊就很容易撞到身体。这些事情都说明了开车姿势的重要性。最理想的状态就是在开车的时候，把座椅及方向盘调节到一个合适的位置，使支撑着方向盘的柱子的延长线和你的下巴或头部对齐。

轻轻地握

下面要说的是握方向盘的方法，概括成一句话就是"不要握得太用力"。再强调一遍，方向盘并不只是抓住不动的东西！也就是说，就像握紧拳头一样攥紧方向盘是不好的。在这里，教大家一个握方向盘的小诀窍：将拇指自然伸直靠于方向盘边缘，其余四指由外向内轻握住方向盘。换句话说，我们是要一种贴着方向盘而不是握方向盘的感觉。这样，我们就能很敏锐地感知到通过方向盘传达的道路状况，操作也会变得更加细致。在开车时，这种细致感是非常重要的。

回打方向盘时

在日常开车的时候，打方向盘顶多打四分之一圈左右。这时候，我们一般是不需要交叉手打方向盘的。但是，如果事先知道要大打方向盘的话，还是需要做一些准备工作的。

比如，在十字路口突然右转弯或是左转弯，就是需要大打方向盘的时候。右转的时候，在开始转之前，要提前从9点15分的握姿开始调整，按照左手下移、右手上升的方法将左右手调整到7点5分的姿势。这样的话，用左手向上打方向盘，右手就能轻轻松松地打半圈方向盘了。之后回方向盘的时候，左手是空闲的。所以要将右手提起来，左右手瞬间交叉成45度角，左手慢慢地回方向盘。在回方向盘的时候要注意，整个动作要自然连贯，中间不能有停顿、不流畅的地方。

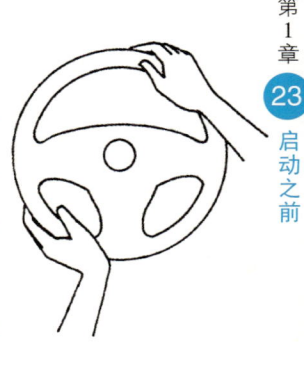

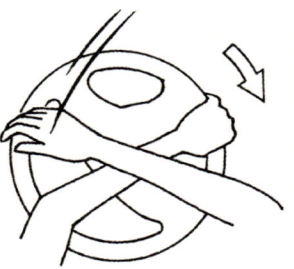

左转时，和上面所说的相反，从11点25分的位置开始调整。

自动回转

如果一点都不管方向盘，让汽车自己跑的话，它能一直沿直线行驶。如果不是这样，汽车就无法保持稳定，也就不能笔直前行了。那么，在十字路口或是弯道口的时候，要完全采取和上面相反的顺序开车吗？其实也不用。在直行的时候，突然将方向盘打半圈的话，方向盘会在你手中自然地滑回去。说得极端一点，让方向盘自动回转也是毫无影响的。但是，每辆车自动回转时的强度是不同的，为了安全起见，手还是不要离开方向盘比较好，之后还需要检查方向盘是否完全回到原本的位置。如果你想随意地驾驶就另当别论，如果不是，那还是不要依靠方向盘的自动回转，而是自己主动地操作方向盘比较好。

和踏板的关系

开车的姿势决定下来后，在不开引擎的情况下，如果是手动挡的车，就试试将离合器踏板一脚踩到底；如果是自动挡的车，就试试将油门踏板一脚踩到底的感觉。如果踩的时候不能将踏板踩到底，就调整一下座位的位置，向前移动一节或两节。在这里需要注意一点，在将座椅前移的时候，背后的靠背也要相应地稍微放倒。如果不这样，好不容易调整好的座椅位置就又会变得不舒服。相反，当座椅和踏板太近的时候，要将座椅后移，扳直靠椅，调节座椅和方向盘之间的距离。

在座椅位置确定之后，接下来就是要确认安全带了。腰带要紧紧地系好，系带子的时候要注意不要将带子系在腹部，而要系在左右胯骨的位置。一般的肩带与中柱相连的位置是可以

调节高度的，所以注意不要让肩带滑落肩膀或是勒住脖子。

死角依然存在

最后说后视镜。首先坐到驾驶席上，然后对内后视镜进行调整，尽可能地通过镜子看到后窗。外面的镜子（比较多的是后视镜）按照以下所说的要领进行调节：先将自己的车后半部分尽可能地映入门镜中去，这个一般不需要太精确，用眼睛看就可以了；再返回到看得到后面车身和看不到车身分界的角度，上下的朝向只要在汽车腰线中间位置就可以了。这样的角度是最大限度确保斜后方视线的角度。

但是，就算是这样，也无法确保能将后方的来车全都看到，所以开车的时候要时刻注意。为什么说无法全部看到后方来车呢？因为当后方的车辆正好进入你的斜后方的时候，也就是进入到你的观察死角的时候，不管是从后视镜还是内后视镜看都是完全看不到的。

第1章 27 启动之前

第2章
不安是这样消失的

前进
转弯
停止

常有危险意识

经验最重要

刚开始开车的时候大家都有这种感觉：在马路上行驶的时候，总是很怕周围的其他车辆。因为马路上有很多驾驶员都是经验丰富的开车老手，他们不仅随心所欲地开车，有时还以各种方式超车、突然从后面逼近、从旁边小道上突然冲出来、在前面突然急刹车等，很"淡定"地做那些让你震惊的事情。为了消除这些不安，我们只能一点一滴地积累开车经验。只有通过积累这些经验，我们才能知道怎样开车比较好，要注意哪些我们才能和周围的其他司机和平相处，从而一起愉快地在马路上行驶。

谁都有可能失误

刚开始开车的时候，如果开的是手动挡车，大家遇到一两次熄火、在十字路口跑错车道、在停车场倒车花太长时间等情况的时候，肯定都很恼火吧。其实大家不必为了这些事情而烦恼，因为那是所有的驾驶员都必须经历的，并不是经验丰富的驾驶员不会犯错误，任何人都有可能失误。到目前为止，我在世界五大洲开车行驶的路程合计300万公里，即使这样，我有时候也是会出现失误的。所以就算你有一两次的失误，没

有关系，重要的是你要记住这些失误并从中学习，下次不要再犯。

预测的重要性

首先请用正常的速度行驶。所谓正常的速度，指的是你在开车时不会感觉不安的速度。这样在遇到紧急情况的时候，不仅能给自己留有躲避紧急情况的余地，也给对方留下了余地。但是，在躲避这些紧急情况的时候，不仅仅是要注意开车的速度，还要随时随地不放松警惕，在日常生活中经常预测危险状况。例如，前面的车突然停在道路边上了，这时候你

就需要预测也许会有驾驶员或是车内人员打开车门下车的可能性。如果你有这样的预测，你就会自然而然地将速度减下来，不管发生什么事情都有时间来应对。

这个时候怎么做

刚开车的时候,大家一定有各种疑问。我从中挑选了一些比较常见的问题,现在来为大家一一解答。

一定要会左转

问:不知道该什么时候左转。尤其是当自己在最前面的时候,特别紧张,这时该怎么办?

答:行驶到十字路口中间,然后静静地等待,千万不要冲动。对面的车虽然看起来似乎连绵不绝,但是只要你耐心等待的话,机会肯定会来的。抓住机会,你肯定能成功转弯。但是需要注意一点,当进入左转车道或是在十字路口停车线前面的时候,信号灯变红了,这时不能抢着转过去,要等下一次变灯再左转。

▎小心小心再小心

问：从小路出来的时候，我感觉已经是前后左右全都确认过了，可是还是有车突然过来，每次都吓得冷汗直滴。该怎么办？

答：车并不是突然出现的，而是你漏看了。从小路开到车流量比较大的道路上时，确认左右的来车是必须的，但是在你确认的时候，会有好多车靠近，所以需要再次确认。安全确认是一项需要多次重复的工作。

▎开慢点

问：在后面被其他车辆尾随，就会感觉很不安。特别是遇到大型货车，会感觉超级害怕。虽然心里面知道要开快点，可是没有开快的自信，怎么办才好？

答：这原本就是在后面尾随你的车辆做得不对。在德国，这种情况不仅危险，如果造成其他驾驶员紧张是会被治罪的。在中国我们需要做的是保护好自己。建议你可以打右转灯稍微靠右行驶，给后面的车顺利超车的机会。后面的车超车后如果突然在你的前面停下来，这也是非常危险的，所以最好要事先降一点车速。

尽量不要踩刹车

问：听说开车的时候尽量不要踩刹车，是这样吗？

答：是的。虽然没有禁止踩刹车这样的说法，但是踩刹车的次数确实是区分好司机和不好的司机的标准。因为好的司机一般都能很好地把握周围的状况，不会一味地踩刹车。就频繁地踩刹车这一件事情来说，它本身就是白费力气的体现。

和其他车速度差为零时不用害怕

问：每次进高速的时候都特别害怕，因为其他车辆的速度太快，感觉太恐怖了。

答：假如其他车辆的速度和停车时候的速度一样，你还会害怕吗？如果其他车辆停了的话，你应该是不会感到害怕的。也就是说，你的车速和其他车辆的车速在趋于一致的情况下，不管是身体上或是心理上你都不会感觉太害怕，你也不会影响其他车辆。因此，在这种情况下，在辅道上充分提速是非常重要的。通常来说，高速公路的合流区是非常长的，只要速度和周围差不多，在高速上开车就不是一件很难的事情。进入高速的时候，要在进入车道上稍微行驶一段时间，刚进入高速就突然变道行驶是非常危险的。

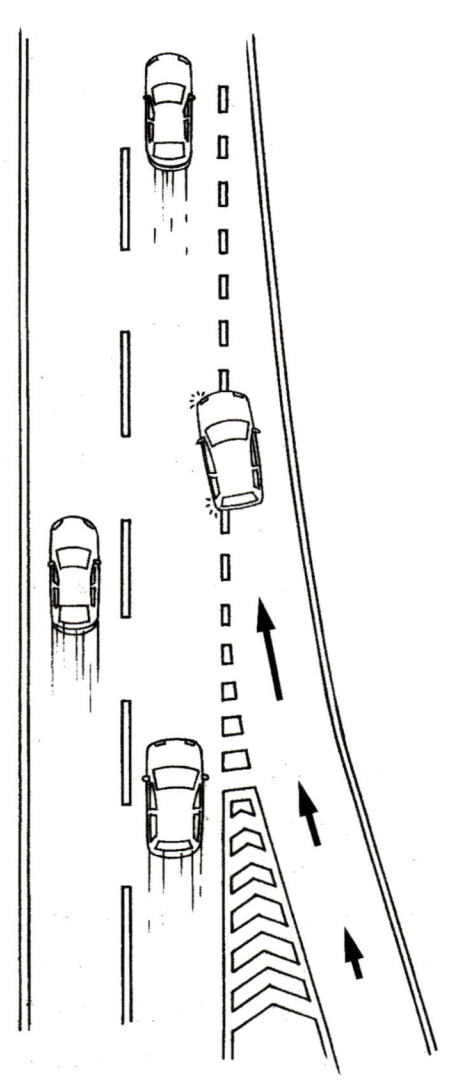

▎行车距离的设定是为了自身安全

问：虽说开车时要注意车距，可是在现实生活中超车的例子比比皆是。是否应该缩短行车距离，让别人无法超车？

答：不，这种想法是错误的。大家需要从心里重视车距这一问题，在开车的时候保持适当的车距。保持车距是为了你自身的安全。所以被超车的时候，你就降速让对方超，或是向右转、驶入右车道，都是比较聪明的做法。

▎频繁地确认视镜

问：我不太会变车道，也特别担心视镜看不到的"死角"区域。用怎样的方法才能使自己变得有自信呢？

答：首先确认内后视镜，然后确认外后视镜，确认一下有没有要超自己的车。但是，仅仅这样做是完全不够的。在变换车道之前，先打转向灯，提醒其他车辆。在正式变道的时候，一定要看斜后方的情况或是不停地确认内后视镜，以保证自己的变道安全。大家一定要养成这种习惯。不停地看后视镜，这样能够正确地判断后面不断接近的车什么时候超过自己。当然，如果这两种方法能够同时使用那就最完美了。最后再确认一次后视镜肯定是不会错的。

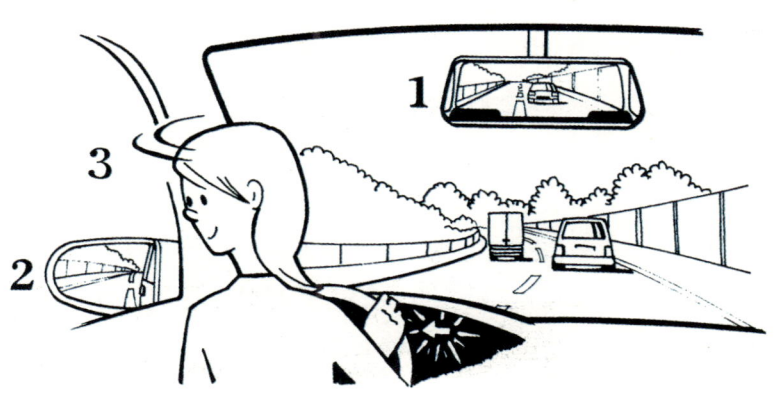

读懂对方的动向

问：在开车的时候，如果我前面的车准备在道路上停车，我就会紧张。同时我也没有熟练到马上可以变道的程度，不能好好地变车道。

答：开车的时候，要时时观察其他车辆，预测其他车辆的动态。想停车的车辆一看就知道，因为它会一边找路边宽敞的空间一边降速，动作也会显得不太自然。如果你能够做出这样的判断，那么还是提前变更车道行驶比较好。

不要直视灯光

问：下雨天的夜晚开车会非常害怕。对面来车的灯光特别刺眼，有时候连道路中间线都看不清楚。大家有过这种感觉吗？

答：大家都有这样的感觉。当对面有车过来的时候，不要直视对面车的车灯，最好是往道路中间偏右的方向行驶。在向右行驶的过程中，路上也许有前车掉下来的障碍物，所以要多加留心，同时也需要注意有没有行人或是自行车。有时候，凭借着对面车的灯光，我们反而更容易确认有无行人之类的情况。

会车灯的意思

问：有时候对面的车会朝着我闪远光灯，那是什么意思？

答：那是会车的意思。大家在会车的时候有时候需要交流，而通过车灯就可以达到交流的目的。司机们经常会通过闪远光灯来告诉对方前面有测超速的摄像头，或提示前方有事故或是散落物等东西，白天的时候可能是在提醒你忘记关车灯了。此外，短暂的闪远光灯的意思是"让道"或是"请让我先走",稍微长一点的意思是"不要过来"。两者特别容易混淆,一旦混淆会非常不好办。所以,当你很难判断是什么意思的时候,就需要和对方进行"眼神交流",确认周边情况,进行综合判断。

大家肯定还有许多不知道的事情。因此,在后面有需要的时候,我会根据实际需要随时进行说明。

第3章

有节奏地开车

前进
转弯
停止

聪明的开车方法

在市中心开车

你在学习实际路跑的时候，路跑的环境应该不是没有人的郊外，而是人流量和车流量适中的市中心，至少也是有点人、车流量的普通道路。驾校的教官也应该是一些经验非常丰富的驾车老手，他们会教你在开始要注意什么、要做什么。理论上，像日本市中心的大道，或是连接城市与城市之间的高速（东京的话就是首都高速公路）道路状况都非常好，只要不发生事故，你就可以在这些道路上畅通无阻地行驶，车流也十分顺畅。建议避开早晚上下班高峰期，因为那时候车流量非常大，世界上很多大城市都是这种情况。

开快车也没有用

在主干道上安全、轻松、自由地开车的秘诀就是要按规定的速度行驶。具体来说，一般情况下，信号灯和道路的最高限速几乎是保持一致的，如果你在绿灯的时候经过十字路口，那么你可以连续获得接下来几个路口的绿灯。在德国，这种现象被称为"绿波"。因此，在目前的信号灯变成绿色之后，像比赛似的开车猛冲是没什么意义的。就算你开头猛冲得比较厉害，之后肯定是需要在某个信号灯的前面突然止步。所以这样做根本就没有什么好处，反而会白白磨损离合器和刹车等设备，浪费燃料，造成噪声污染。

前进 转弯 停止

当然，遵守限速并不意味着可以成功通过每一个信号灯而不需等待。在等灯的时候，如果驾驶的是手动挡车，就不要在挂着挡的同时还踩着离合器，因为这样会损伤离合器里面的关键零件。在等的时候，要将操纵杆挂在空挡上（不在任何车挡的状态），放下手刹，脚离开离合器踏板。不过考虑到后面的车，我们要提前做好心理准备，等到信号灯变成绿色就能立刻行驶。自动挡的车在停车等待的时候挂空挡可以节约燃料，注意到这一点的人也许还不多。总之，如果挂空挡的话，引擎就可以不用带动变矩器运转了（参照156～157页）。

彼此心情愉悦

　　在市中心上下班高峰期遭遇堵车是无法避免的。在这种情况下，如果司机们共同为实现交通流畅这个目标而努力，事故就能减少，堵车问题也能尽快解决。比起一味地强调自己的权利，对他人的关怀是很重要的。这不是单纯地说教，马路是所有驾驶员所共有的，如果你给周围的驾驶员以方便,最后你也会受益。

给他人以方便的例子有很多,比如说在十字路口拐弯的时候,尽量在拐弯之前就向拐弯的车道行驶过去,或是身处比较混乱的地方时尽量通过而不是停在那里。在予人方便进而改善交通方面,每一个驾驶员都能做到的事情有很多。这样一来,整个交通就会变得很顺畅。大家都自觉遵守交通规则,这才是真正的交通"文化"。

预防"不会吧"

在车流量比较大的地方,要将下面的事情装进脑袋里——人是一种特别容易犯错的生物。人犯错的理由各种各样,尤其是在深夜的时候更容易犯错,这点要特别注意。不要因为现在是绿灯就掉以轻心,也许会有一些不负责任的司机无视红灯突然开车从你面前经过。因此,就算是绿灯,你在进入十字路口的时候也需要降速,必要时能安全地躲避其他车辆,甚至会需要停车。

安全驾驶和动作顺畅、能随时预测某些事件发生的可能性的驾驶有着相同意义。这点与在路况复杂的道路上驾驶也是一样的。不是单纯地开车，而是要一边预测是否会发生突发状况一边开车。比如，急刹车或是突然停车容易被后方车辆追尾，所以为了不被后面的车追尾我们尽量不要急刹车。如果真的因为障碍物需要急刹车时，下面的方法比较理想。首先，通过视镜判断后面的车辆能不能和自己一样急刹车。然后，如果后面的车距离自己太近，我们所需要做的就是变道避开障碍物，或是尽量接近障碍物并在它面前停下。总之，就是给后面的车留下充足的反应的时间与空间，以免撞车。

看看不见的东西

开车需要集中注意力。为了安全，我们需要在很早的时候发现危及自己、同车人及第三方的情况，并且能将这些危险情况扼杀在萌芽状态。行人想从自己车前横穿过去的情况，通常是很容易判断的。比如说当在公交站想超过公交车的时候，下车的乘客有可能突然从停止的公交车前方出现，因此需要特别注意。如果有货车停在路边，行人在横穿的时候，影子有

可能会隐藏在货车的影子里面不容易被发现。这个时候,要看货车的下半部分。货车底盘很高,和地面之间是存在着缝隙的。如果有人的话,我们看着货车的下半部分就能看见行人的脚。

  阳光很好的情况下,我们可以预知可能面临的危险。比如说,交叉路口本身的视线条件不太好,我们可以根据照射在地上的影子判断是否有车要来。如此说来,晚上开车要比白天开车更加安全,因为在晚上的时候只要把车灯打开就可以确认是否有来车了。

社区道路慢慢开

  在日本,都市一般是比较适合汽车行驶的,可是相对来说,日本的道路还是比较窄,有的地方甚至连人行道都没有。在这些地方,汽车、货车、摩托车、行人都使用同一条道路。因此,交叉路口的视线状况非常差,行人很有可能从路边的餐厅、咖啡店等地方突然出现。在这种路况下,一定要低速行驶,确保紧急情况下能立刻停车。在路上,我们需要彼此谅解和合作,只有在互相理解的基础上按照交通规定行驶、行走，我们才能创造出一个对驾驶员和行人都比较安全、有序畅通的交通环境。

正式开车兜风啦

出发前的准备

在出去开车兜风之前,需要注意很多方面的事情。比如:检查维护工作是否认真做了,有没有偷懒呀,车灯都是没问题的吧,发动机油够不够,冷却液足不足,等等。此外,要整体检查一下汽车轮胎的情况，特别是胎压是否正常。胎压如果比较低的话，驾驶的可操作性就会变差，连续在高速上行驶甚至有可能发生爆胎（轮胎破裂，空气喷出）。如果人和行李比较多的话，最好将前胎比平时多增加0.2千帕，后胎比平时多增加0.3千帕。其实轮胎内气压的正确单位是hPa，也就是百帕。别外在检查刹车的时候，不仅仅要检查刹车是否有效，更要检查刹车液的量是否足够。一般刹车液装在一种透明的容器中，所以比较好确认。如果刹车液低于最低刻度线，最好去修车厂看看是不是哪里漏油了。如果没有漏油情况，那么就只是刹车液不够，只要加刹车液就可以。但要注意，添加的刹车液一定是购车时厂商所指定的品牌，不能随意添加不同品牌的刹车液。

慢慢地计划

若你所计划的兜风旅行不止一天，那么对你而言，在旅行开始之前，最重要的就是静下心来，好好规划。比如，在炎热的夏天一直拼命工作到下午5点，然后1个小时之内就将所有的东西急急忙忙地准备好，在夕阳中开始兜风旅行。这样的做法不太好。这时你需要静下心来，重新计划一下你的旅行，不要让整个旅行显得匆匆忙忙。特别是在车流量多的假期，你一定要好好地计划妥当。

  你可以带一点饮料和小食品，在需要的时候适当地润润喉、吃一点东西。如果在开车的时候感到有点疲劳或是困倦，不要勉强自己，就近找一个安全的地方停下来。停下来之后，找一点东西喝（当然是不含酒精的饮品）。如果可以，睡20～30分钟，至少也要下车动动手脚或是将座椅放倒稍微躺着休息一下。随后你才有精力继续开车，也许能再开2个小时左右。在高速上因为疲劳驾驶，即使是在白天，也引发了许多交通事故。在你困的时候，注意力就会很分散，反应能力和速度也会随之下降，所以这时候需要休息一下、冷静一下。如果车上有孩子或是宠物，那么你要有意识地去停车区休息休息，让他们可以下车活动活动，这样他们也会很高兴。就算你遇到了堵车，也不要一味地叹气，可以趁着堵车这段时间好好休息一下，养精蓄锐，为之后的车程做准备。

兜风的乐趣

如果带着孩子一起开车旅行，一定要给孩子带上他喜欢的玩具、零食等东西。孩子在玩玩具、吃东西的时候，是可以稍微安静一段时间的。男孩子会比女孩子对驾驶更感兴趣。我小的时候，只要给我一个玩具方向盘，我就能在后面的椅子上安静地玩好几个小时。像模像样地眼睛直视前方，要转弯的时候，下意识地转动自己的"方向盘"，模拟操纵着自己的挡杆进行换挡！

大家需要注意一点，如果我们选择兜风的地点是孩子不熟悉、没见过的，那么这对孩子来说是一个非常好的学习机会。可以在开车的时候给孩子介绍现在正在走过的地区的一些产业、历史等情况。就算你自己对线路不熟，只能边依靠导航边走，也无所谓，这种体验对孩子来说是一种不可多得的训练。从这点来看，驾车的旅程和乘坐飞机的旅程之间有很大的差异。

千万不要忘记：让孩子坐在专门的儿童安全座椅上面。这种儿童座椅不仅能保护他们的安全，也能使他们的视野和你一样宽阔。车上有孩子的话一定要将儿童锁开启，以防他们将车门打开发生危险。此外，在后座的上方不要摆放坚硬的物品，这不仅仅是为了保证坐在后面的孩子的安全，也是为了前面人的安全。假如在后面放置了坚硬物品，急刹车的时候它也许就飞到前面去了，这是特别危险的。

一般情况下，孩子比大人更容易晕车。因此如果是长途旅行，一定要准备一些晕车药、纸巾、稍微冰一点的矿物质水、塑料袋等东西。准备妥当之后，就可以开始愉快的旅程啦。

第4章
欢迎来到动力世界

前进
转弯
停止

快速是无罪的

问题是注意力

一直说日本这个不好、那个不好，喜爱日本的人们心里肯定不舒服吧。可是，从作为欧洲人的我的角度来看，目前的日本交通政策法规还是稍微有点欠完善。为什么这样说呢？这是因为日本只有极少数的道路能像欧洲的道路那样让汽车充分体现出优良性能。不管是在高速公路还是普通道路上，日本都有车速限制。特别是那些比目前世界平均水平还要好的道路，也和其他普通道路一样进行100公里/小时，有时候甚至是80公里/小时的限速。但实际上，在那些道路上是可以用更快的速度来行驶的。目前也存在着下述状况。许多驾驶员无视这些高速公路的限速，理所当然地开到了120～130公里/小时，有许多驾驶员认为用快的速度也可以做到安全行驶。

　　我们肯定是不希望看到越来越多的人违反交通法律法规。但是不管什么法律，如果它和大众的意识不相符合，那么就算强制执行，它也不能被大众所接受，这一点毋庸置疑。进一步来说，较慢的速度在行驶同等距离的时候，需要花更多的时间，而随着驾驶时间的增加，注意力就会分散，这是非常危险的。注意力不集中就会诱发困意，而困意是造成高速交通事故的原因之一。

高速公路是最安全的

不管是在普通道路上还是高速上,经常都能看见"禁止超车区",这些区域的设置很多都是非常不合理的,因此也被很多驾驶员所无视。现在日本道路上限制的速度应该是十年前所规划的,没有考虑到后来经过改善而大幅度提高的汽车安全性能。现在法国高速公路的限速是130公里/小时,就是这样的限速依然很难执行下去。所以,现在只要你超速不超过150公里/小时,交警也就不追究了。德国曾经是欧洲各国中唯一一个没有在高

速路段设立很多限速区域的国家。然而令人不可思议的是,没有设立限速区域的德国交通事故伤员比其他设置了限速区域的国家的伤员要少很多。准确地说,德国的无限速的高速公路上其实也设立了"推荐时速130千米/小时"的制度,只不过,这只有在发生交通事故、追究责任的时候才会提及。

但是,不管高速公路上是否有限速或是限速多少,总体来说高速公路要比普通的公路安全。为什么这样说呢?因为在高速上是没有红绿灯的,也没有任何危险物品。如果要说高速上有危险品的话,那就应该是汽车本身了。因而为了避免汽车本身成为危险的源头,原则上,高速单侧至少设置两条车道和一条应急车道（路边车道）,高速公路左右两侧用绿化带或是拦网隔离,分开行驶。

当高速成危险源时

在高速公路上,最频发同时也是最严重的交通事故的原因就是困意和连环相撞了。困意产生的主要原因就是长时间的简单无聊驾驶以及由于限速所导致的驾驶时间增加,而连环相撞主要多发于车流量大或是雾中看不清的时候。这种情况比较多见于在同一车道用同一速度行驶的车距不足的车辆之间。如果其中一辆车因某种理由突然急刹车,后面的驾驶员由于反应不过来就会直接撞上去。这样一来,后面的车也会一辆一辆地往前撞,形成了连环相撞的事故。所以我们在以一定速度跟着前方车辆的时候,不仅要观察前方车辆的情况,为了以防万一、及时应对,还要同时注意前方2~3辆车的行驶情况。

货车是不同的

在高速上超货车的时候,一定要注意以下内容。由于货车比较大,所以有可能在货车的前方也有车辆在缓慢行驶,但我们无法察觉。因此,有时候货车会突然变更车道靠近我们,而不是远离我们让我们超车。像货车这样重量级的车,它们的加速过程是非常缓慢的,如果突然有一辆货车出现在我们的面前，我们很有可能由于刹车踩得不及时而发生追尾事故。所以如果你不确认货车前方车辆的情况就高速超车，那是非常危险的。

高速公路中间隔离带上设置了防眩板，这样行车时，即使将车的远光灯大开着，其光束也不会对对面车道的驾驶员造成影响。但是需要注意的是，货车司机所坐的位置比普通汽车司机的位置要高，所以有时候这些防眩板对货车司机来说是不管用的，这时就需要货车司机们随机应变了。

超车之后一定要回原车道

现在有很多的驾驶员在开车的时候都不注意自己的车道。有的司机在单侧有2个或3个车道的高速公路上仍然会毫无理由地一直在超车道上行车，而即使后面有来车也不通过视镜确认的驾驶员也不少。因此，后面的来车只能降速，等在超车道行驶的车辆走远了，才能加速到之前的速度。如果后面的来车没有这样做并且造成了交通事故，前面的车说后面车辆违反了交通规则之类的话都只不过是借口，被超车的这方并不是交警，他自身肯定存在着违反交通法规的行为，不然不会发生事故。

闪灯只是一瞬

以前跟在慢车后面行驶，想要超车的时候一般都通过闪远光灯来表达（反复地开关前大灯），但是在很多国家，大家都认为这是一种不礼貌的令人厌恶的驾驶行为。现在大家一般都是使用转向灯（中国的话是左边）来表示自己即将要超车，这种方法不会引起他人的不快。如果用了转向灯示意超车，可是前方的车辆还是不让路，这时我们可以闪一下远光灯。因为有时候前面的驾驶员没有在看后视镜，不知道你要超车。

会说话的车灯

必要的话,白天也打灯

傍晚或是在暴雨、雾霾这样的恶劣情况下,视野会不好,就算是白天也请不要犹豫,直接将前灯打成近光灯。在穿过隧道的时候也

一样。虽然在白天的时候前灯不能直接给驾驶员驾车带来好处，可是它可以让其他的车或人意识到这里有车，这样他们就不会撞过来。这点不仅仅是对于对面来车而言，对于后面的车也是一样的。其实在恶劣的天气中，只依靠汽车的示宽灯是远远不够的。因为在暴雨或是雾霾天气中，只使用示宽灯会导致在两车很接近的时候后车才能发现前面的车，而此时已经没有什么意义了。所以，在天气恶劣的时候最好使用近光灯或者使用雾灯，最好是这两种灯同时使用。在特别浓重的雾中开启远光灯也没什么关系，因为这根本不会对对面来车的驾驶员造成困扰。有些汽车装有在雾、暴雨等恶劣天气下使用的大红后雾灯。这种大红后雾灯是一种安全效果特别好的装置，但是在使用的时候需要特别注意，当视野变好之后要立刻将后雾灯关掉，不然后面行驶的驾驶员就会被闪花眼。

　　在夜间行车的时候，和前面来车相会时，按规定是必须使用近光灯的，但在超慢车或是跟在前车后面的时候，最好也用近光灯提示一下前面的车，因为用近光灯不会闪到其他驾驶员的眼睛。

与前车保持安全距离

在浓雾天气行驶的时候，不管是白天还是晚上，跟在前车尾灯后面行驶总比自己在黑暗中摸索要简单便捷。充分利用这种便捷性的重要前提，就是要和前车保持一个合适的安全距离。"合适的安全距离"就是当前车突然急刹车或是撞到某个东西突然停下来的时候，你能调整自己的车不会直接撞上去的距离。不然的话，就算你走运没有撞上去，你后面的车也可能会一辆一辆地撞上你。特别是当高速公路上遭遇雾天的时候，车距过短经常会导致连环撞击事故，造成人间悲剧。

将上面所说的事情牢牢记入脑中之后，接下来要学习的就是怎样能更好地开车，更好地享受开车了。

转弯方法

减小离心力

　　一般的公共道路——就是大家都可以使用的道路——与比赛时用的赛车道有差别。除了中间被隔离带隔开的高速公路以外，一般的道路会分成两个方向，自己可以行驶的一侧仅是黄色中央线的右侧。反向车道上唯一一条能使用的车道就是黄色虚线所表示的超车区。虽然我们只能使用一半的道路，可是如果合理利用这一半道路，你还是可以体验很多乐趣的。

当汽车转弯的时候，它的动作是被离心力所制约着的。离心力计算的物理公式是 MV^2/R，M 代表车的质量（重量），V 代表车的速度，R 代表离心运动半径。也就是说离心力和汽车的速度的平方成正比，和离心运动的半径成反比。离心力和轮胎的抓地力（也就是轮胎抓地的力）是相互作用的，当二者相互平衡的时候，轮胎能紧贴地面；如果离心力超过轮胎抓地力，轮胎就不能紧贴地面了，最终会造成汽车失控。因此在开车过程中，一定要将离心力降到最小，这主要有两种方法：第一，控制速度；第二，在中心线、路边等地方创造出大约一个车道的宽度来进行转弯，也就是尽量扩大转弯半径。

扩大转弯半径

实际上，第二种方法也是在赛车中经常使用的方法。赛车的时候，选手会尽可能利用车道的宽度（路宽）在高速的情况下进行转弯。用右转来举例说明。他们会使用如下的技术（参照69页图）：当接近弯道的时候，首先在弯道的前面尽可能将车辆靠左行驶，之后在弯道的顶端（实线的情况）或是弯道后面（虚线的情况）直接切入弯道（进到最内侧，直接掠过），紧接着通过漂移（横滑）再次使汽车行驶到左边。

这样一来，实际上的转弯半径比弯道本来的半径明显要大一些。实线（半径是固定的）和虚线（半径在中途发生变化）之间的差别就是技术间的差别。实际上这两种转弯情况，转弯半径和赛道本来的半径没有差别很大。使用"漂移"技术可以更有效更快速地行驶，所以在比赛的时候选手们都经常使用它，但是对于你来说，却是不需要使用的，你只要将方向盘打到最右端就可以了。

在普通的道路上，各种技巧都是一样的。但要注意一点：一定要沿着自己的车道行驶，千万不能越过中间线或是插到别人的车道里面去。在同一弯道、同一速度的前提下，特别是行驶在易滑路面的时候，使用该方法会减少轮胎失去的抓地力，基于同样的理由，轮胎的磨损和消耗也会减少。

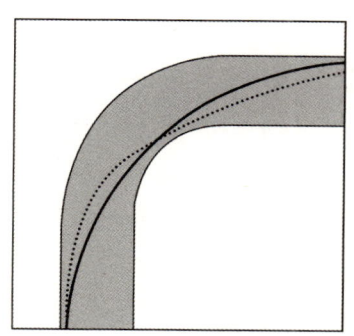

实线是用一定速度转弯时的情况，它展示了该采用怎样的方法才能够最大限度利用道路的宽度，将离心力降到最小。虚线是强调了在最短的时间内通过弯道的线路。

出口比入口更适合加速

转弯的速度是根据情况的不同而变化的，最终还是要取决于驾驶员的判断。特别是当看不到弯道尽头的时候，就更要依靠驾驶员的经验和判断。所以，你必须要熟知下面的内容。

在转弯的时候，车辆的离心力会起作用，一旦出现意外，车辆的刹车距离就会变长。同时，不要忘记下面这一点：虽说快速流畅的转弯是最理想的状态，可是进入弯道时的速度却并没有那么重要；相反地，出弯道的速度却是比较重要的。因为如果是同等距离的话，直线区间比曲线区间要更节约时间，出口速度快也就意味着面向下一个直线区间的加速活动已经开始了，这时速度本身就是快速的代名词了。

　　总结以上可以得出转弯的铁律：靠近弯道的时候，要提前降速。在弯道顶点或者之后，要确定目标，打方向盘，向内侧行驶。到达确定的目标后要立刻开始加速，在面向出口行驶期间要充分利用道路的宽度。如果是以弯道后为目标的话，从目标点一直到出口之间的距离可以看成是一条直线，所以在出口弯道顶点之后就能快速加速了。与这一系列的动作相伴的就是制动、（有需要的话）转弯、加速等操作要非常顺滑地做出来。在顶级的F1赛车当中，这个顺滑程度也是衡量一个赛车手水平的标准之一。

不知如何是好的时候直接用高挡

如果你的整个驾驶过程比较顺畅、高速、安全，就说明你选择了正确的挡位。不管是手动挡车还是自动挡车，在这一点上都是一样的。一般来说驾驶员在驾驶的时候都不会加速，因为他们觉得那样比较麻烦，或是觉得加速不好。如果你一开始选择的是低挡，当你想要快速行驶的时候就必须频繁地使用低挡。

可是，上面所说的两种驾驶方法都不算是特别理想的开车方法，特别是第二种情况。在低挡时，或许是有快速行驶的感觉，可是变速是需要一定的时间才能实现的，所以用第二种方法的话速度甚至可以说是变慢了。如果你不知道如何选择挡位，请不要犹豫，直接选择高挡。因为在高挡下，你肯定能享受到驾车的乐趣。如果必须选择低挡，那你一定要提前换到低挡。在转弯时，一定要在靠近弯道之前就换挡；如果要超车，一定要在开始超车之前换挡。这样一来，当你真正要做你需要做的动作的时候，引擎才能迅速反应，将能力全都发挥出来。关于这点，自动挡车也是一样的。自动挡车本来就是主要依靠机器操作来控制速度的，更不可能对未来做出预测了。

积极利用引擎制动

在山道开车的时候，一定要全程使用低挡。使用低挡时，引擎的旋转次数虽然会变多，但是冷凝液的循环（如果是驱动型的引擎）和风扇的转动会变得很好。此外，使用低挡可以防止在长长的下山斜坡上踩踏板的时候踏板过热，能减少零部件的磨损和消耗。换句话说就是想让大家积极地选择低挡，使用引擎制动。在不踩油门的时候，引擎制动会自动降速，控制汽车的速度。但如果是前轮驱动车（FF）爬U形坡，则要注意避免挂1挡或2挡的同时将油门踩到底。可以全力加速的时机是转弯结束，车轮笔直朝前的时候。这时全力加速对驱动零件也是有好处的。

第 4 章

73

欢迎来到动力世界

安全的超车法

越近超车效果越差

除了在有两个或更多车道的道路上超车比较安全外，在普通道路上超车是一件非常危险的事情，其原因不用说大家也都知道。在超车的时候，车会偏离正常的车道行驶到其他车道上，这时就很有可能和其他车道上的来车相撞。不仅如此，如果要安全地超车，还要充分把握前车的行驶速度，要能正确地判断对面来车的行驶速度及自己车的加速性能。

在这里，我给大家提一个重要的建议：不要在接近前车之后超车。特别是当你前面的车辆是大货车时，一定要十分小心。理由很简单：当你太接近前车的时候，你无法判断对面是否有来车，你要确认对面情况的时候，只能将车稍微偏移出车道。如果是右侧驾驶的汽车，这时就有危险了。所以，要超车的时候要和前车保持一定的距离。当没有对面来车，对面车道空旷的时候，赶紧加速超车过去。加速超过去之后，要尽量减少在危险的对面车道行驶的时间，这时就需要你过硬的加速技术了。如果是自动挡车的话，将油门踩到底，再配上自动离合功能（在踩油门的过程中，某个开关自动调节加速过程）会更加有效。

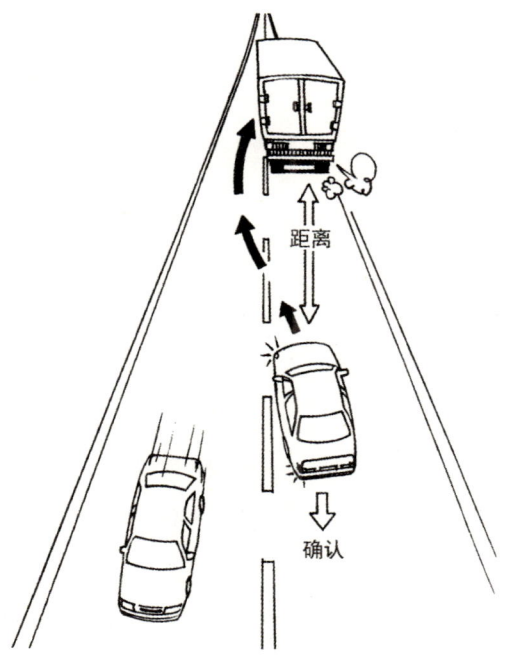

另外，要经常确认车内视镜和后视镜等视镜。一旦行驶到对面车道，一定要确认紧紧追在自己车后面的车是否也想超车。很多时候，不仅是你在超别的慢车，别人也在打算超你的车。超车的时候，即使按照规定开启左转向灯之后，也不能不顾实际情况胡乱超车。如果有的车已经进入超车模式要超过你的车，那你只能放弃这次超车机会，再等待下次。

把握速度

在超车的时候，只要稍微有点洞察力和判断力，就能大大缩短超车时间。在超慢车而且对面有来车的时候，可以这样做：首先，要正确估测前面和对面来车的车速，在脑中计算对面来车和前面的车擦肩而过以及前面车道上无车的时间。然后，提前调整自己的车速，以便在前方车道空出来的一瞬间可以超过前面的车辆。总之，刚开始的时候不要靠近前面的车辆，最好是能稍微远离前面车辆一点。这样的话，在超车前就不需要忍受跟在慢车后面溜车的感觉了。除此之外，从整个行车过程来看，越早降速对你整体速度的影响就越小。只要你超车成功，就能非常快速地恢复到之前的行驶速度。

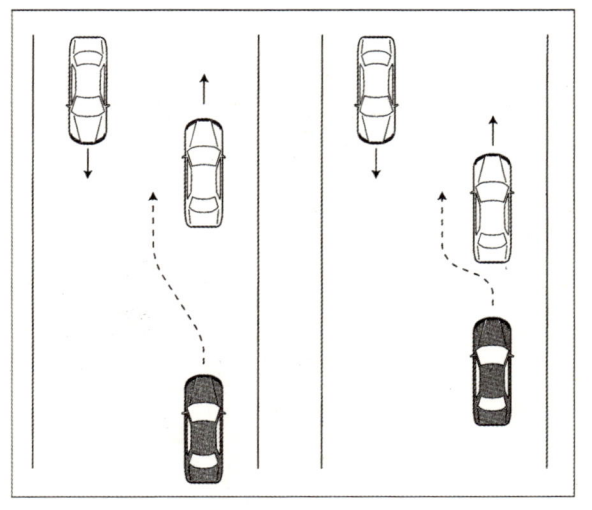

对面有来车时的超车方法。与右边的超车方法相比，左边的超车方法更能节约时间。

发生问题时

首先去安全的地方

现在的汽车性能非常好,很少会发生故障,但也并不是说一点故障都不会发生。如果发生故障,最开始需要做什么呢?

当汽车发生故障时,不管是在高速上还

是一般道路上，首先要找到一个不妨碍其他车辆的地点将汽车停下来并立即打开汽车的双闪灯。当你从车上下来的时候，一定要注意四周的交通情况。将车停在车流量比较大或是路边没有停车位置的地点，本身就是非常危险的，所以千万不能够掉以轻心。除了打开双闪灯之外，还要在车后50米处设置三角反光板，以提醒其他过路车辆注意。顺便说一句，为了防止故障的产生，在日常的汽车使用中，要预防汽车没油的情况。汽车没油虽然不算汽车故障，但突然发生还是非常危险的，大家要注意一下。

利用惯性

如果故障的原因很明显地和引擎有关，如发出了巨大的噪音、使不上力而且停止不前，这就是重大故障的症状。在这种情况下，手动挡车要调到空挡并松开离合器；自动挡车要将档杆放在"N"上，如果放在"P"或"R"上会很容易损伤汽车。空挡是不会对引擎造成损伤的，你可以在打开双闪灯提示他人的同时，利用惯性将汽车移动到一个稍微安全的地点去。

与此相反，当没有噪音引擎却停止工作的时候，你能够做的事情就比较少了。不管在哪种情况下，只要引擎不运转，刹车的随动系统（助力器）就无法工作。如果你不比平时用力踩，刹车是没有反应的,这一点你在日常开车的时候要谨记。现在汽车的燃油系统和点火系统虽然都是自动化的，可是一旦出了问题，要在路边靠自己修理成功是不太可能的。

电池也需检查

在众多的故障中，有些故障确实轻轻松松就能修理好，如由于电池线路接触不良所引起的故障。打开发动机罩，检查一下电池正负极的连接状况。连接线松了或是氧化了（这时只需将上面的白色粉末吹掉即可）都可能引起电池的接触不良。如果确认完电池的情况，引擎还是启动不了，那就不是你自己能解决的问题了，你只能寻求他人的帮助。自动挡的车一般虽然也是电子控制式的，可是如果是其本身引起的故障的话，你可以开启紧急模式（自动防故障功能），在这种模式下，虽然变速和正常情况下稍微有点不同，但它能够支撑你将车开去修理。

引擎过热的话

在行驶中如果引擎过热，最可能的原因是冷却扇没有工作。现在汽车中冷却扇一般都是马达式电扇（电动扇），这种电扇一般不工作的原因是线路松了或断了，或是当冷却液到达一定温度之后控制电扇的线路出问题了。冷却系统因为事前加过压，其沸点超过100℃，所以一般都不会有事。万一发生这种情况，先关掉引擎，冷却一下，之后将汽车开到最近的修理厂进行修理。

除了上面的原因之外，还有一种可能就是冷却液不足。冷却液不足的原因可能是制冷系统的某个地方发生了泄漏，或是汽缸的气门处存在问题。如果是后面这种情况,尾气管那里会冒白烟(实际上是蒸发的水分),你一看就知道。不管是哪种情况,首先需要做的就是关掉引擎,让引擎冷却,加冷却液(加普通的水也可以)。这一系列的事情做完后,一边时刻注意冷却液的情况,一边将车开到修理厂。注入冷却液时,在液温不低于100℃的情况下,千万不能打开散热器的盖子。打开散热器盖子的时候,要用厚布包住手或者盖住散热器盖子,以防手被热蒸汽烫伤。打开的时候要慢慢地拧开盖子,将里面的气压慢慢地降下来。之后将引擎空转,再慢慢地加入冷却液。如果直接在引擎刚刚停转的时候突然加入冷却液,会导致引擎的缸体和缸头扭曲变形。

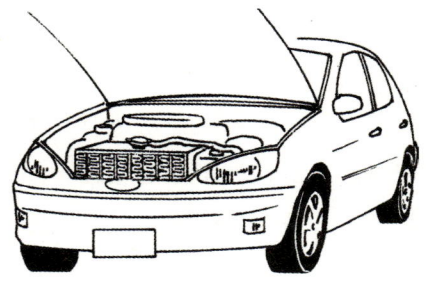

路边停车是非常危险的

如今汽车的性能非常好，一般都不会出故障，可是一旦出故障的话，除了专业的修理人员，一般能够自己修理的故障是非常少的。所以，你日常行驶中所必备的修理工具，大概就是在汽车爆胎的时候换轮胎用的工具。此外，如果你在日常行驶中比较注意，并且定期更换轮胎，那么连爆胎的情况都比较少出现。但是一旦爆胎，不管是在车流量比较多的高速公路还是在路边，都是很危险的。夜晚的时候则更加危险。所以遇到爆胎时，就算轮胎已经瘪了，继续行驶相对于直接停在路上会更加安全。建议大家要尽量偏移自己本来的车道，将车慢慢驾驶到比较安全的地方去。

轮胎是汽车的生命

认真地检查

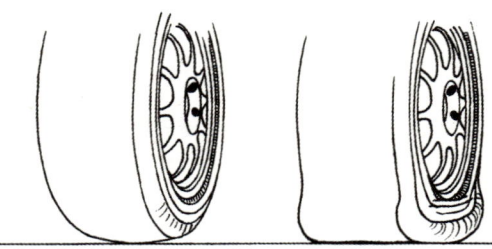

不用说大家都知道，轮胎是整个汽车中最重要的一部分。轮胎是汽车中唯一和地面接触的部分，让汽车做出所有动作的力，也就是控制汽车的行驶、转弯、停止的力都是通过轮胎来传递的。因此，让轮胎长期处于良好状况、时刻关注胎压是非常重要的。举个例子来说明一下。如果轮胎的气压比标准气压值低0.2千帕的话，轮胎的操作性就会受到影响，同时轮胎的使用寿命也会降低。但是，并不是说轮胎的气压越高越好。如果胎压过高，轮胎和地面的接触面积就会变小，并且变小的面积主要是接触面的中间部分，所以乘车感觉就会变得非常不好。但相比之下，还是低压更危险。除了上述不利方面，低压所导致的摩擦热量有可能出现轮胎接地面剥落或漏气（轮胎破裂，空气一下子抽空）等情况。像轮胎接地面剥落或爆胎等情况一般在汽车高速行驶的状态下比较容易发生，一旦发生就会产生严重的后果。轮胎气压不够还会增加耗油量。根据轮胎制造商米其林的测算，轮胎气压值低0.5千帕耗油量会增加12%；如果低1千帕，耗油量会增加30%左右。

注意伤痕

那么，轮胎的气压值只要保持和标准气压值一样就不会有问题了？其实并不是这样。轮胎漏气的原因当中还有一个就是伤痕问题。轮胎的伤痕有时候用肉眼是无法判断的，轮胎最容易受伤的部位就是侧边（轮胎侧面的中间部分）。如果在行驶中侧边被路上的碎石砸到或

轮胎侧边

被尖石戳到，轮胎的骨架（组成轮胎中间部分的内部骨架）就有可能受到损伤。随着时间的流逝，侧边损伤部位会鼓起来，从外面一看就能发现。因此，在出门旅行之前，先要检查一下轮胎侧边的整体情况。轮胎侧边损伤是无法修复的，就算特别可惜也只能更换新的轮胎以确保安全。

预知漏气

我们说的漏气通常是指轮胎里面的气压慢慢减少，它比爆胎要安全点。漏气一般都是由轮胎被金属碎片或是尖锐的玻璃片等刺破所导致的。在这方面经验比较丰富的驾驶员，可以在真正漏气之前预知该情况。如果是后轮漏气的话，就会容易出现转向过度（参考第122页）、用普通速度行驶都呈之字形不稳等情况，这很容易判别出来。如果是前轮漏气的话，会出现转向不足（参考第122页）、方向盘偏向漏气轮胎一侧等情况。尽早发现漏气，可以在轮胎变瘪之前将车辆停下，之后可以换

胎。但如果你直至轮胎变瘪才注意到，这时轮胎的损伤已经非常大了，就算修理之后看起来和之前轮胎的样子差不多，使用起来也是非常危险的。

前后轮胎对调

通常情况下，普通马力的前轮驱动车其后轮的使用量是前轮的两倍；相反地，后轮驱动车前轮的使用量是后轮的两倍。汽车厂商建议大家在前后轮胎的使用寿命将近一半的时候，将前后轮胎对调一下继续使用。条件是，前后轮胎是同一型号的。虽然厂商有这样的建议，实际上是否调换要看每个车主自己的想法。如果要进行调换的话，就要一次性将四个轮胎同时调换，这需要一笔钱。如果资金比较紧张，可以一次先换两个轮胎。只不过这样做之后，在路面行驶的手感会感觉有点奇怪。因为轮胎上面是有沟的（连F1赛车的轮胎都是！），刚刚对调过的轮胎沟差距比较大，滑动角也就相对比较大，而未更换的轮胎的侧滑角和之前相比没有发生变化。

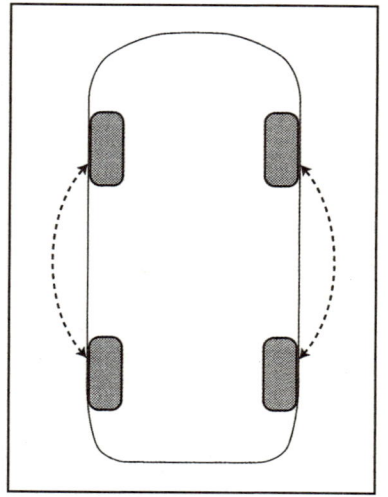

同一品牌

就算轮胎的尺寸一样,不同厂商生产的轮胎的性能也是不一样的。因此,同一辆车上最好不要混用几个厂商生产的轮胎。如果真的没有办法使用同一个厂商生产的轮胎,要保证4个轮胎中至少有两个轮胎的生产厂家是一样的。有条件的话,在同一车轴(即前后车轴)上安装磨损程度差不多的轮胎。

如果你的爱车是性能比较高的车,在更换轮胎时,不要在普通的轮胎店或是汽车零配件店买轮胎,但可以在汽车4S店买配套的轮胎。像比较著名的汽车品牌保时捷、法拉利、宝马等会根据不同的品质基准来细微地调整轮胎。就算轮胎乍看起来差不多,接地面积也几乎一样大,但实际上是有的是保时捷用、有的是法拉利用的轮胎,它们细分起来的差别是非常大的。

脚下的潮流

很多司机不喜欢标配的车轮和轮胎,喜欢装一些比较有个性的新潮的车轮和轮胎。改装后的车轮半径一般比之前大,轮胎的扁平率(从侧面看侧边会变低)会变小。有的人改装是为了看起来酷,有的是为了使车看起来像运动型车,有的是为了提升开车的手感,使手感更加麻利。不管你是因为什么理由进行改造都没有关系,但是在改造的时候千万要注意不要变成违法改造。比如,轮胎超出车身的改造就是违法改造的一种。

车轮和轮胎是配套的。为了选择一个正确的组合，有几点注意事项需要留心，请牢记：

慎重地选择尺寸

不管是什么车，只要它的轮胎扁平率比较小，其车轮的半径就要相对变大。这是因为改造后的车轮和轮胎的外径尺寸要和之前的保持一致。如果比之前小，在行驶时引擎就会多转圈。引擎多转的话，汽车就会发出多余的声音，燃油量也会有明显的增加。不仅如此，车体和路面之间的距离还会变窄，车轮和翼子板之间的距离也会相应缩小。相反地，如果比例变大的话，不管什么在挡位的加速反应（初期反应）都会变得迟钝。

车轮的偏移量（参考第95页）是越接近原来的越好，不然在操纵方向盘的时候前轮会不太受控制，方向会出问题。更换后的轮胎（及车轮）和翼子板内侧要留有一点空间，这样就能保证不管你怎么打方向盘，轮胎都不会撞到它的翼子板上去。

考虑到不良影响

前面我们已经说过了，很多车主对自己的爱车进行改造，改造成大的车轮半径和较小的轮胎扁平率。扁平率较小的轮胎需要更宽的轮圈（和轮胎接触的部分）。虽然扁平率较小的轮胎有很多好处，比如侧边相对来说比较低，硬度大，开车手感麻利，接触地面面积比较大，抓地紧。可是另外一方面，在低速的状态下，坐在里面会不舒服，如果路面不平（这时制动鼓内衬=纵向花纹），方向盘就会晃晃悠悠的，不容易控制。进一步说，由于轮胎的宽度增加，从正面看汽车的面积（前视图面积）会扩大，就算面积只扩大一点点也会对空气动力学特性产生影响，导致燃油量的增加。

扁平率的意思

扁平率是指轮胎的高（H）和宽（S）的比例。现在乘用车的轮胎在计数时一般以数字"1"为单位，之后将数字乘100，得出的百分数就是扁平率的数值（参考第94页）。20世纪60年代，轮胎的扁平率一般都在80左右，之后随着时代和技术的进步，数字越来越小。现在65、60左右的数字都是非常正常的情况。有个词语"60系列"，说的就是上面那类轮胎。随着科技的进步，一些运动版车型的轮胎扁平率甚至达到55、50、45。像保时捷、法拉利、兰博基尼这些世界名车的数值更是达到了真正的运动型车的数值，仅仅只有35～30。

下面说说轮胎的尺寸。在这里有一件非常不可思议的事情，轮胎的直径（内径）是用英寸来表示的，可是轮胎的宽度却是用毫米来表示的。比如写着"255/45ZR17"，这个是什么意思呢？其实，255表示宽是255毫米，扁平率是45（%），车轮组装完成后的直径是17英寸。大写字母Z表示的是允许的最高速度是超240公里/小时,也就是说只要你行驶速度在240公里/小时以内(包括240),都能确保人身安全。另外还有Q(160公里/小时)、S(180公里/小时)、H(210公里/小时)、V(240公里/小时)、W(270公里/小时)、Y(300公里/小时)等。除了Z以外,其余的大写字母后面都没有"超"这个字,表示括号里所写的数字就是其轮胎所能承受的最高速度。R和其他的字母有点差别,虽然轮胎的基本结构是用"径向"来衡量的,

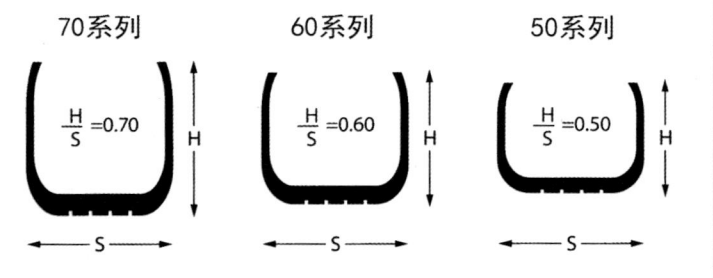

但现在乘用车的轮胎一般也都是用径向来衡量的,所以R所代表的直径几乎没有太大的意义。

车轮的偏移量是指从前面看时法兰盘（使轴或管等的一端呈凸缘状突出的接头部分）面和轮圈中心线之间的距离（差距），用毫米来表示。这个偏移量的主要目的是用来将方向盘的作用点固定在车轮中心位置,将刹车踏板的作用点收在车轮的内侧。

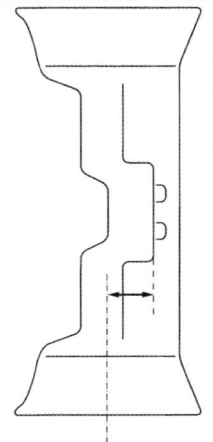

只有冬季轮胎能够完成的事情

不管是多么好的轮胎，都不可能100%满足所有条件。现在的高性能轮胎就算是在路况非常差的道路上，都能拥有非常优秀的抓地能力且能保持高速安全的行驶。此外在设计轮胎的时候，设计者们充分考虑了各种状况下的行驶情况，综合各项因素，所以现在的轮胎效果非常好。换句话说，这就是人类向自然妥协的产物。唯一没有向自然妥协而制造的轮胎就是F1赛车专用的轮胎。F1赛车用的轮胎抓地力虽然非常强，可是一般只能在比赛时绕赛道跑20圈，也就是100公里左右。

普通的高性能轮胎的缺点就是，当遇到极端寒冷的路面，特别是下雪、地面结冰的时候，它的抓地能力会变得很差。这也是为什么世界上的很多轮胎制造商特意发明并销售冬季专用轮胎的原因。这些冬季用的轮胎对于那些特别寒冷、整个路面全结冰的地区和国家来说是必不可少的。虽然冬季轮胎在干燥的路面上的性能不像夏天轮胎（为了区分冬天轮胎而采用这种说法,其实它一年四季都能使用)那么出色,但是你在驾驶这两种轮胎的时候一般是没有感觉的。实际上,冬季轮胎的性能也特别优越,它能够保证时速为210公里的安全行驶。这是不是很厉害?此外最重要的一点是,在雪地上冬季轮胎的抓地效果是夏季轮胎的两倍。虽说如此,当冬季结束的时候,还是需要将冬季轮胎更换成夏季轮胎,因为在干燥、暖和的地面行驶,冬季轮胎的损耗比夏季轮胎的损耗要大很多。

建议用左脚踩油门

一只脚在玩

本章的最后，我想和大家分享一下我自身的经验。

那已经是很久之前的事了。我收到了在我的祖国比利时举办非常有名的F1赛车两小时耐力赛的参赛邀请。这个比赛的赛道和日常行驶的道路完全不同，是完全依靠"量产车"来一决胜负的。当时我驾驶的车是美国GM（通用公司）赞助的4台车中的一台——奥兹莫比尔88，这是一辆中大型车。和所有美系车一样，那辆车在生产的时候就装备了自动变速箱，在当时欧洲的赛事上这种自动变速装置还是不常见的。当然，踏板也就装了两个。

我突然有了一个灵感。在比赛的两个小时之间，总是右腿在踩油门，加速，左腿一直在那里闲着，这公平吗？当我想到这个的时候，我总觉得如果将右腿的一部分工作分给左腿做的话，左腿就不会一直在那里闲着，而且左右开弓会不会稍微赚取点时间？哪怕是1秒的几分之几也是可以的。要知道，在比赛当中1微秒都是非常重要的。

反应快的好处

准确地说，上述想法来源于在比赛前我与车的"磨合"。比赛时用的车完全就是"库存车"的状态（刚出工厂的样子），为了不让选手对汽车进行改造，直到比赛前夕，这些车才从美国工厂运送过来。也就是说，它们几乎就是新车。因此对于选手来说，在正式比赛之前必须在普通道路上行驶5000公里左右，也就是"磨合"。恰好这时，意大利在举行"1000英里耐力赛"，我正好可以一边磨合一边去意大利观看比赛。就是在去意大利这趟旅途中，我想到了在这次的比赛中尝试着用左脚。在正式比赛开始的时候，我立刻使用了我的新技能并获得了成功。但是，我不太确定是不是这项新技能使我获得了成功。从那以后直到现在，每次开自动挡车的时候我都会使用左脚来踩踏板，而且不管是从有三个踏板的手动挡车换成只有两个踏板的自动挡车，或是从自动挡车换成手动挡车，都没有出现过任何的问题。

　　过了几年之后，有一次我拜访一个汽车俱乐部，在那里我发现他们有一个"驾驶模拟器"。在那个机器上，你可以测出来左右脚并用踩踏板和正常情况下的反应时间差多少。结果是0.2秒，当然还是前者的反应时间快。也许你会说才0.2秒，这么少，完全没有什么太大差别。请想象一下，现在你正开着车，突然有一辆车辆横穿过你的面前或是前面的车辆骤然停止，就算你的速度是50公里/小时，只要你早0.2秒踩刹车，实际的停止距离就会有2.8米的差距。有这2.8米的话，也许仅仅就是虚惊一场；如果没有这2.8米，后果就不堪设想了。不仅如此，就算你很正常地悠闲开车，你也需要同时控制两个踏板，在控制油门的时候就要开始控制刹车。同样，如果你在控制刹车的同时开始控制油门的话，你会发现车辆的行驶状态会变得非常好，非常顺畅。不过，最近有的汽车会在同时踩油门和刹车时变得不灵活，你需要事先检查一下自己的爱车会不会也这样。

现在就是机会！

我有一件特别自豪的事情，那就是法拉利车队成为在F1历史上第一支将汽车的离合器和档位实现智能化结合的车队，之后其他车队进行的相关改装都是模仿法拉利车队，现在F1所有的赛车手在比赛的时候都会灵活地运用双腿去踩踏板。

　　实际上，现在很多驾校在用自动挡车教学员的时候对于左脚踩刹车的重视度还是不够，有些驾驶员——特别是那些习惯于手动挡车的驾驶员——在刚开自动挡车的时候会很容易发生混乱，因而不敢尝试左脚踩刹车。要求开习惯手动挡的你突然改变自己的反应回路来开自动挡的车有点困难，老实说，用左脚踩刹车来控制车多少还是需要一些练习的。

　　但是，这一点对于新手来说是没有什么问题的。如果开的是自动挡的车，为什么不一开始就试着自然而然地用左脚踩刹车呢？

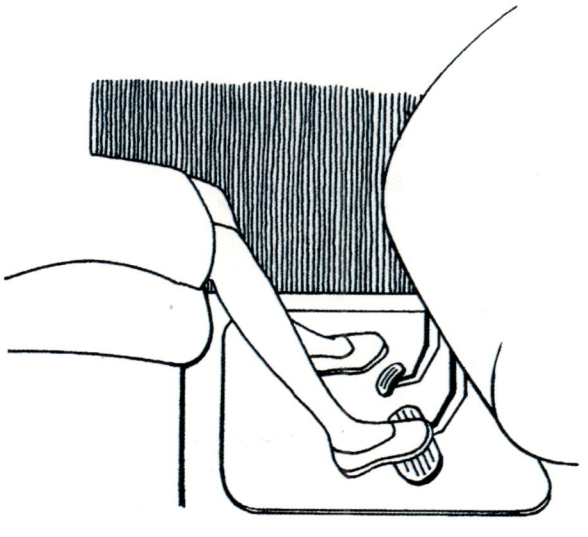

第 4 章

103

欢迎来到动力世界

第5章
物理的法则是不变的

前进
转弯
停止

考虑"前进、转弯、停止"

看到这里,你应该知道了开车的方法了吧,但是,拿电脑打比方的话,我们现在仅仅是已经会了一些基本的电脑操作。为了熟练使用电脑,我们需要了解包括软件在内的各种电脑内部知识。汽车也是如此。一旦开车上路,你就要开始做好负全部责任的准备,只要发生任何事情,你都会成为直接当事人。因此,为了确保安全,你必须熟知控制汽车行驶的各种原理。如果你理解了汽车行驶、转弯、停止等原理，出现意想不到的事情的时候，你就能够进行相关的操作，不会出现重大过失。

将性命托付于 4 张明信片

虽然肉眼看不见，可是汽车确实是遵照着一定的物理法则在行驶的，人不能轻易更改或是抑制这个法则。在汽车加速或减速的时候，惯性起了很大的作用；在转弯的时候，离心力起很大的作用。离心力是让驾驶员偏离他原本想行驶车道的力。和这些力所对抗的就是4只轮胎的抓地力，也就是和地面的附着力。附着力产生于和地面所接触的轮胎处，这个接触面积非常小，每个轮胎的接触面积大概就和一张普通的明信片差不多大。

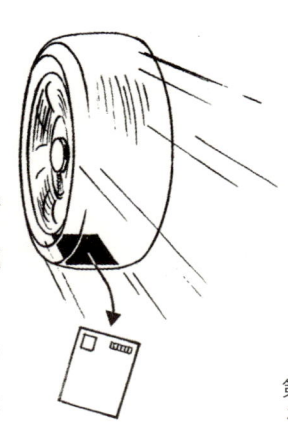

附着力是通过抓地力系数来定义的，抓地力系数是随着相互接触的两个物体及其状态的不同而发生变化的。对于汽车来说，这两个物体分别是轮胎的橡胶和道路的表面（一般是柏油路），且道路表面的情况不同系数就会不一样，比如表面是干的时候系数就和湿的时候或

是积雪结冰时的数值不同。

粗糙和顺滑

现在，大家充分发挥想象力，想象一辆被锁住无法动弹的汽车。这时候如果汽车想要移动，就需要借助充分的外力，使汽车的轮胎离开被固定住的地面。如果这个外力的大小和汽车的重量（车重）一样，那么轮胎的抓地力系数为1.0；如果外力的大小是汽车重量一半，系数就是0.5；如果是汽车重量的1.3倍，系数则是1.3。

柏油路的系数变化规律如下。当汽车行驶在铺设了专门材料的沥青道路上或汽车轮胎为比赛用轮胎时，系数最高，达到了1.3。但是就算是同一条道路，当其有积雪或是结冰时，系数会变得非常低，一般只有0.1甚至更小。

在积雪、结冰等极限道路上

理论上，在抓地力系数为1.0的道路上以100公里/小时的速度行驶的车辆到它完全停止至少需要39.3米的停止距离，该距离没有包含驾驶员的反应时间。然而，在同等条件下，在冰上的停止距离需要393米，增加了近10倍。也就是说，停止距离和抓地力系数是成反比关系的，和车的重量没有关系。该结论的前提是汽车的刹车性能非常好，好到在抓地系数比较高的道路上行驶时，只要你猛踩一下刹车车辆就立刻能停止的程度。

停止距离和速度的平方是成正比的。如果道路的干燥程度和上面的道路情况一致，踩刹车之前的速度为60公里/小时的情况下，你至少可以将停止距离缩短到14.1米左右。相反，如果你的速度是120公里/小时的话，你的停止距离就达到了56.6米。

不过，目前不管是什么道路，都没有明确的标识来表示道路的抓地力系数。此外，抓地力系数会随着轮胎的质量或接地面积等因素的变化而变化。所以，下面所列出的数字只是一个大概的数字，仅供大家参考。

> 干燥的地面：　　　　　1.0～1.3
> 潮湿的地面：　　　　　0.7
> 积水地面：　　　　　　0.6～0.2
> （水深2毫米）　　　（地表粗糙度不同会稍微有点差别）
> 结冰或积雪地面：　　　0.1或以下

由此可以得出这样一个结论。在道路变得易滑的时候，为了确保行车安全，我们需要做到以下两点：一是要比平常开车时更注重向远方看，确认周边环境；另一点就是降速行驶。实际上，在道路状况不好的时候，想要及时停车是一件非常困难的事情，所以建议大家在驾车的时候要同时使用这两种方法。此外，我在这里再重新说明一下，虽然在前面的内容中我们说停止距离和车辆本身的重量没有关系，但是在一些特定的情况下，停止距离和车辆本身重量之间还是存在着一定的比例关系的，自身越重的汽车就越难停止。关于这一点，大家在日常开车的过程中还是记到脑子里比较好。

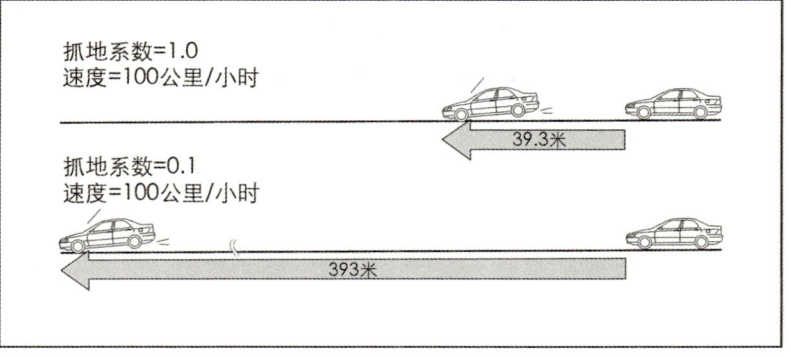

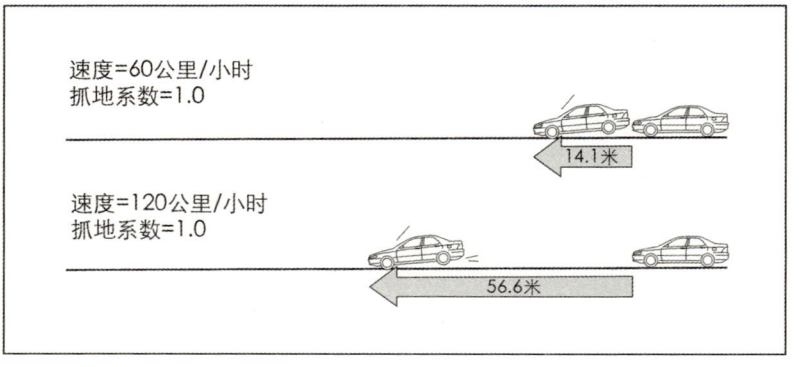

用最短距离停车的方法

用力踩

在发生紧急情况的时候,为了最大限度地缩短停车距离,你需要快速而用力地踩下刹车。在踩刹车的时候,如果你有一点点犹豫,速度不够快,停车距离就会延长,造成一些意想不到的后果。汽车是否安装了ABS系统(防抱死制动系统)对应急时采用何种处理方法有很大影响。

在路上正常行驶的汽车,不管有没有ABS系统,在紧急刹车的时候,要实现最短距离停车,秘诀就是猛踩刹车,锁住四个车轮。这时候没有ABS系统的车辆就会遇到一个问题,那就是这些车辆在车轮锁死之后只能向前行驶,并且无法越过前方可能存在的障碍物。如何判断自己的车轮有没有被锁死呢?通过方向盘以及轮胎摩擦路面的声音就可以确认:如果方向盘还能够使用，说明没有被锁死，反之则是被锁死了；如果轮胎和路面有"吱吱"的摩擦音，说明被锁死了，反之则未锁死。安装了ABS系统的车，虽然在急停的时候刹车距离会稍微延长一点，可是其方向盘还能使用，所以能避开前方的障碍物。但是此时方向盘的反应灵敏度没有以前好，这一点需要注意。

有 ABS，就一直踩刹车

在高速公路上紧急停车，配备了ABS的车辆相对来说能在较短的距离内停止下来，但前提是你需要一直用力踩刹车，并将刹车踩到底。同样在高速上，如果没有配备ABS系统的车辆想在最短的距离内停止下来，就需要很巧妙地操作了。一般来说，当车轮锁住之后，和地面接触的轮胎的橡胶会变得非常热，在热量作用下，轮胎橡胶会发生变质，表面会形成一层易滑的薄膜，导致停止距离延长。前面我们说过，没有配备ABS的车辆在轮胎锁死后只能向前行驶，不能改变行驶方向，还有就是在轮胎的抓地力全部用于"滑走"的时候，只要有侧风或是弯道等横向的力作用于车身，汽车就特别容易从道路上飞出去。

没有ABS，就要有松刹车的勇气

没有安装防抱死制动系统的车辆到底要不要将刹车一口气踩到底，这是由驾驶员来决定的，通俗点说就是依靠驾驶员们的经验。在不锁死车轮的前提下将刹车踩到底不是一件容易的事情。虽然锁死车轮踩刹车很危险，但是一般情况下，驾驶员都会采取这样的方法来应付：首先会大力踩一下刹车，之后立刻解锁，然后再把刹车踩到底。在这种方法中比较关键的就是解锁返回（让已经锁死的车轮重新返回到转动的状态）的方法。这样一来，汽车的停止距离会延长。

有一种说法认为，虽然ABS下的刹车是锁住-放松-再锁住-再放松这样的过程，动作未免重复，但刹车效果比较好。其原因在于防抱死系统是机器自动运行，而人工操作在速度及精度上是无法和机器相匹敌的，就算是最优秀的驾驶员也不可能达到机器的程度。此外，在减速过程中，对于刹车的踩法和松法都有很高的要求，人是无法很好地控制住的。刹车的踩和松这两个动作之间的时间间隔很短，而在这很短的时间内方向盘依然在起着作用，在如此复杂的环境下，相对于人工来说，机器能够更加有效地缩短停止距离，确保人员安全。

将整体的思路整理一下就是，如果汽车没有安装ABS的话，不管你是在高速行驶还是低速行驶，发生紧急情况的时候一定要用力踩刹车，确保踩完刹车后车轮能够被锁死。如果在你踩刹车的时候前方有障碍物，那么在那一瞬间就要稍微松一点刹车，改变车辆的前进方向，避开障碍物。你想成为优秀的驾驶员，那么从一开始你的脑海里就要有"刹车不急踩，不踩急刹车"这样的意识。一个优秀的驾驶员在驾车的过程中会早早地预测到驾车过程中可能出现的危险状况，为了避开这些危险状况进而顺利地停车，他会事先就将速度降下来，以应对各种可能性。

快速制动

关键是反应时间

我们已经知道"最短的停止距离和地面的抓地力成比例，和汽车速度的平方成正比"这样的规律。具体来说，当地面是抓地系数为1.0的干燥地面时，以60公里/小时的速度行驶的话，其最短停止距离大约在14.1米左右；如果速度是120公里/小时的话，最短停止距离就会一下子增加到56.6米。

然而，上面的数据仅单纯描述汽车本身的情况，还不包括驾驶员的反应时间。驾驶员有没有提前预测到紧急事件，有没有及时踩刹车等情况，会对最终结果产生很大的影响。如果驾驶员提前预测到危险，他的反应时间可以达到5秒左右。如果未能提前预测，就算不踩油门改踩刹车，这中间也至少要花1秒以上的时间，而在这段时间里停止距离会大大延长。

转眼之间就能走这么远

速度为60公里/小时的汽车，换算成秒速的话就是1秒能走16.7米。因此，就算是开车非常小心的驾驶员，如果他的反应时间是0.5秒，在这期间其空走距离也达到了8.3米。这样，到车辆完全停止时的实际行走距离为空走8.3米以上，加上踩刹车后的制动距离14.1米，总计22.4米。如果驾驶员注意力不集中的话，这个距离会更长。如果反应时间是1秒，空走距离是16.7米以上，加上制动距离14.1米，合计30.8米。而在这距离之中，空走距离就占了一半以上，这足以说明驾驶员反应时间的重要性。若反应不够快，就算刹车性能再好，也无法实现最短停止距离。同样，速度为120公里/小时，驾驶员反应时间为0.5秒的汽车空走距离是16.7米；反应时间1秒时，空走距离为33.3米，加上刹车的制动距离56.6米，总体的停止距离为73.3米和89.9米。

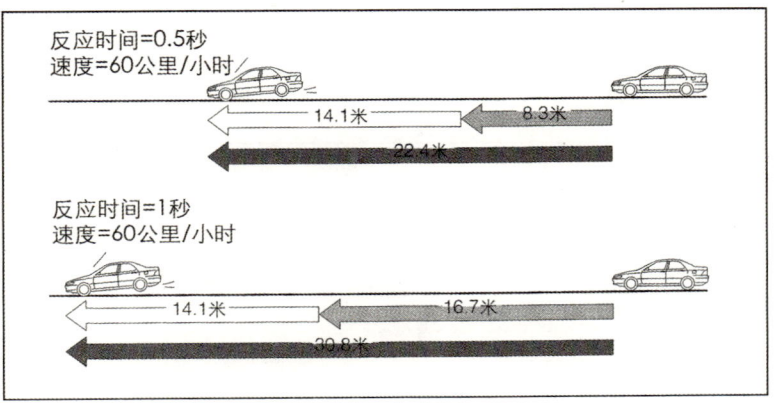

无法立刻停止

仅从理论上说,假设现在在同一车道上有两辆汽车按照同一车速前后行驶,两辆汽车的刹车性能一致,这时,掌握着安全行车距离的关键就是驾驶员的反应时间了。我们以1秒的反应时间作为基准,以20%左右浮动计算,可以得出在速度为120公里/小时的两辆正常行驶的汽车至少要保持40米(空走距离33.3米的1.2倍)的车距。如果速度为200公里/小时,则至少需要66.6米(55.5米×1.2)的安全车距。

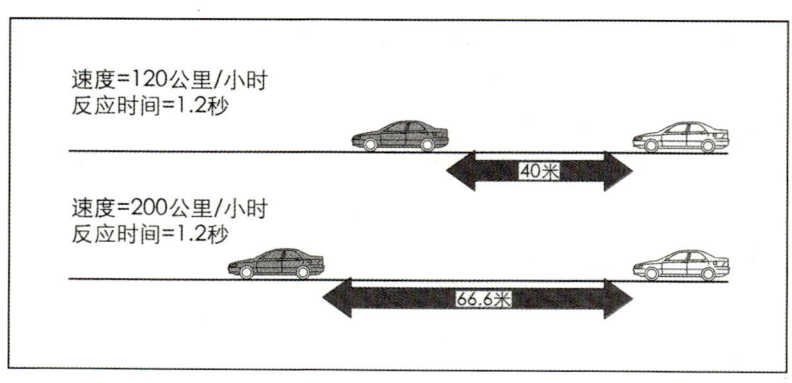

不仅仅是在德国，在日本开到200公里/小时也是一件不太现实的事情，所以上图所示的数据仅仅是供大家参考的。那么，200公里/小时的汽车突然急刹车究竟需要多长的停止距离呢？不管天气多好，抓地系数都不会超过1.0，所以1秒之内所走的55.5米的空走距离加上157.2米的制动距离，总共需要212.7米的停止距离。有一点大家千万不要忘记，这只是在驾驶员技术和路面状况在理想状态下的数值。

正如例子所示，汽车的速度越快，驾驶员就要看得越远。雨天又是另一番情况。雨天时，平时抓地系数很好的路面由于潮湿，抓地系数会降低到0.8左右，如果是沥青铺装较久的路面则会降低到0.6左右。相应地，制动距离也会增加20%～40%左右。

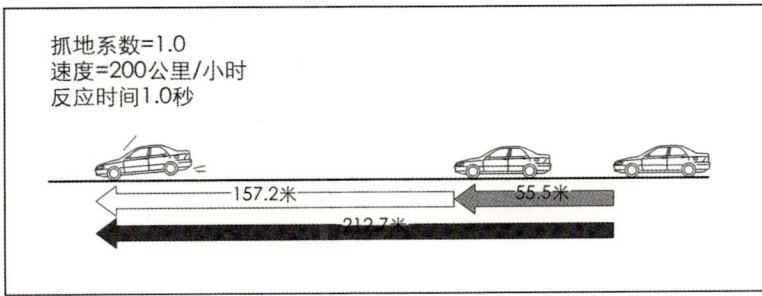

转弯原理

抓地力在任何方向上都一样

在转弯的时候,车辆的离心力会起作用,该离心力和车辆速度的平方成正比,随着速度的增加而增加。轮胎的抓地力使车辆保持着和地面的接触,当转弯的时候,直接作用在轮胎上的是离心力,且离心力的作用方向是横向的。在理论上,轮胎的抓地力在任何方向上都是一样的。用之前说明过的例子再重新说明一下。如果车辆的重量是1400千克,行驶在抓地系数为1.0的道路上,四个车轮都是锁死状态的话,要想让这台车辆移动,纵向(也就是前进方向)、横向以及其他方向的合力必须要有1400千克左右才行。

纵横无法两全其美

在平常开车的时候,除了紧急情况下的刹车(简称急刹)将四个车轮全部锁死之外,一般的刹车是不需要将车辆的最大抓地力(1400千克力,约合13729牛)全部发挥出来的。然而,接下来所说的内容是非常重要的,请一定要熟记。当你在使用纵向抓地力的时候,横向的抓地力就会相应减少;同样,当你在使用横向抓地力的时候,纵向抓地力也在相应减少。原本横向抓地力就是为了抵消离心力而产生的,它的主要作用是保持车辆不飞出道路(虽然肉眼无法看见),所以在转弯的时候作用在刹车制动上的抓地力就会随之减少,就算将刹车踩到底,制动距离还是会增加一点。反之亦然,在转弯踩刹车时的最高安全速度要比普通开车转弯时的速度低很多。

驱动力传递的界限

在汽车加速的时候,轮胎的抓地力也是

不可或缺的。然而，如果你的爱车不是四轮驱动车，那么加速的时候就只有两个车轮会起作用。在转弯的时候，汽车的四个车轮的一部分抓地力都会用来抵抗离心力，除此之外，驱动轮还要将部分抓地力用于加速，有时候能将轮胎所有的抓地力给消耗完。这样轮胎就会开始空转，无法对抗离心力。这会导致驱动轮无法朝正常方向前进，而是开向离心力的作用方向——即曲线的外侧，这样后驱车会陷入"转向过度"的情形。这时，如果驾驶员意识到问题并且松开油门、反打方向盘，汽车整体就会偏回弯道中心，最后会一直在弯道中心打圈。如果是前驱车，前轮的空转会引起"转向不足"的问题，这时如果驾驶员不松开油门，汽车就会一直向前方行驶，最终会偏离弯道，直接朝着弯道的外围飞出去。

前轮驱动易处理

从上述内容，我们可以得出在抓地力系数较好的路面上行驶的时候，前轮式驱动车比后轮式驱动车要好操作的结论。这是因为动力转向不足的情况不是很严重的话，通过简单的操作就可以恢复，然而动力转向过度却不是轻易就能恢复的，它的恢复需要高超的技术。后驱动车一旦发生侧滑，将油门恢复平稳是不用说了，这时还需要打方向盘将车辆的前进方向调整至之前的方向。调整的方法是将方向盘的方向打向和弯道朝向相反（左转弯的话，右打方向盘；右转弯的话，左打方向盘）。在打方向盘的时候，切记不要多打。这种情况我们一般称为"反打方向"或是"反转向"。如果方向盘打多了，汽车就会像钟摆一样在那里左右摇摆，摇摆的幅度会越来越大，导致人无法操作。关于后轮驱动车，重要的一点就是，前轮不论道路的路面情况怎样都会朝向道路的方向。汽车拉力赛那种易滑的路面上经常有这样的事情。选手们经常在抓地力系数非常高的赛道上有意识地漂移后轮，使汽车偏向赛道内侧，以达到尽快通过弯道的目的。

转向不足
FF（前轮驱动）

前部在弯道外侧

第 5 章　物理的法则是不变的

轮胎的摩擦圆

根据作用在轮胎上的力的不同,轮胎的抓地力会因而发生变化,以图的形式来说明这一点是非常容易理解的。第127页的图是从正上方反映轮胎和地面接触情况的图。围绕在轮胎周围的圆半径r就是该轮胎所获得的抓地力,这个抓地力的值在任何方向都是一样的。这个圆,我们称为轮胎的摩擦圆。

图中所示的情况是转弯时由离心力作用产生的横向力F作用在车轮上。纵向的力F保持该状态,轮胎的抓地力是不存在问题的。但是如果现实的驱动力或制动力比图示的力要稍微大一点,轮胎就会失去抓地力,这不仅会让汽车横向打滑,车轮也会空转或锁死。车轮空转是多余的驱动力所造成的,车轮锁死则是多余的制动力造成的。车辆总体的抓地力和横向纵向力的关系如下:

$$总体抓地力 = \sqrt{F(横向)^2 + F(纵向)^2}$$

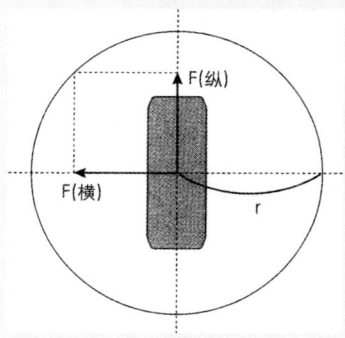

轮胎的抓地力不管在哪个方向测都是一样的，用圆的半径r来表示。这个圆，我们称为摩擦圆。现在，如果是横向的力F对车轮起作用的话，那么纵向的力F就是作为驱动力或制动力使用后剩余的力。这种驱动力或制动力在行驶过程中，只要横向的分力比目前的横向力F有所增加，车辆就会开始侧滑。

朝内还是朝外

通过以上说明，你应该能理解下面的内容了。转向过度指的是在弯道的时候后轮抓地力丧失，在离心力的作用下后轮打滑，最终偏离前路的前进方向，朝弯道内侧行驶。与此相对的转向不足，指的是前轮式驱动车的驱动轮失去抓地力时，汽车偏离前轮的方向而成直线行驶的状况。

转向过度或不足经常发生

其实转向过度或是不足是轮胎在濒临其极限前经常发生的情况,这也算是轮胎的一个比较重要的特征吧。这种情况和车速没有太大关系,就算你的车速特别慢,也是有可能出现这一情况的。当车辆的前后轮被施加横向的力之后,轮胎和地面的接触面就会发生变形,轮圈(车轮边缘部分)的中心线和轮胎接地面的中心线就会发生偏差(参考第129页图),这样就会导致方向的偏差,我们将这个偏差量称为"偏离角"。偏离角随着横向作用力的增大而增大,一直可以增大至轮胎的抓地力极限左右。然而,在抓地力极限附近的时候,偏移角会一下子增大许多,从之前的细微偏移一下子过渡到打滑的状态。驾驶员如果经验丰富,就能够判断出什么时候要从偏移的状态变成打滑的状态。这也给每个驾驶员一个警告,如果再不调整的话,后面就会出现危险的打滑情况。

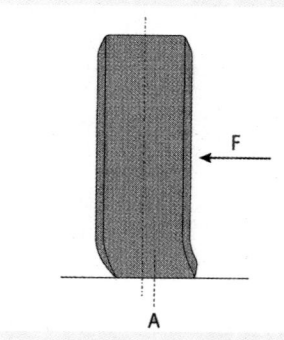

力 F 作用在车轮上的话（从前方看的示意图）轮胎的下面就会发生变形，轮胎和车轮之间就会发生偏差，这个偏差我们称为"偏离角"。

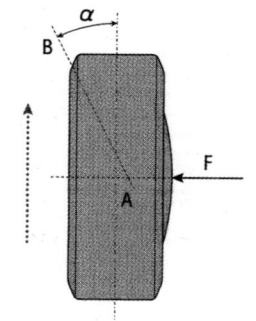

从上方看旋转中的车轮 / 轮胎的示意图。车轮受横向力 F 的作用，偏向 A、B 连线的方向。A 是轮胎和地面接触面的中心点，α 是偏离角。

能直行的原因

所有的汽车在设计时，都被设计成就算在直线道路上行驶的时候也处于动力转向不足的状态。这对于汽车的稳定性来说是不可或缺的，实现这样"稳定的转向不足"很简单，只要在设计的时候将前面两个车轮的偏差设计得比后面两个车轮的偏差稍微大一点就可以了（参考第131页图）。因此，前轮驱动式车如果缺乏下面的驾驶小窍门的话，是无法造成转向过度的。

例如在转弯的时候，使用手刹将后轮锁住，或是像有些赛车手在比赛的时候一样同时踩油门和刹车。这样做是为了达到在转弯的时候不降速的目的，也是为实现转向过度而做的准备。踩油门可以使驱动轮前轮旋转，踩刹车可以将后轮车轮锁住。但是，不管你使用什么方法，你一定要记住一点：当胎压不足时，汽车会很容易一下子变成转向不足或是转向过度，所以一定要对胎压进行定期检查。

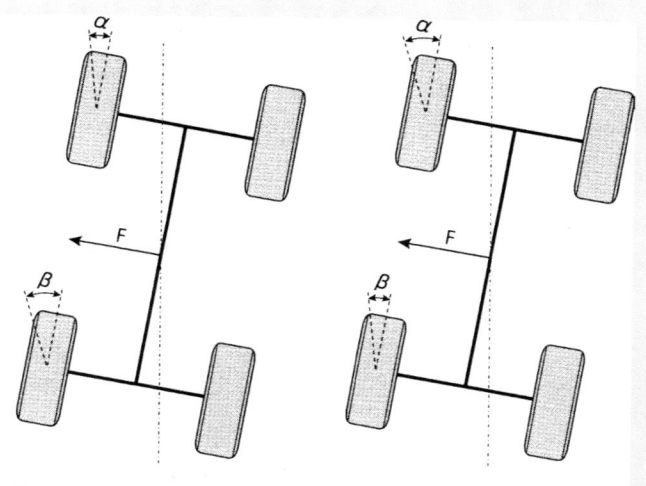

　　转向过度（左图）是在后车轴（两个后轮）的偏移角 β 比前车轴（两个前轮）的偏离角 α 稍微大点的时候出现的现象。这时候，驾驶员如果不打方向盘进行调整，转向过度的角度会一直增加下去，汽车整体也会处于不稳定状态。转向不足（右图）是后车轴的偏移角 β 比前车轴的偏移角 α 稍微小点的时候出现的现象，这时汽车能自动恢复到之前的前进方向，所以汽车整体比较稳定。

转向不足不可或缺的理由

就算是行驶在笔直的道路上，有时候汽车的前进方向也会发生混乱。例如，道路上有大大小小的突起或斜坡，抑或是受到侧风的作用时，汽车就会稍微偏离之前的行车轨迹，虽然只偏离一点点，但依然会产生离心力，从而导致汽车前进方向变得有点不正常。如果是转向过度的汽车，由于后轮的偏移角比前轮的偏移角要大，所以这个偏差扩大得很快，离心力也随之快速增大。而这个变化的过程可以说是在瞬间完成的，对于司机来说在瞬间进行调整是一件比较困难的事情。如果这样的情况一直持续下去，最终就会导致汽车失控，无法一直在道路上行驶。当然，转向过度的汽车在转弯的时候需要不间断地调整，就算是在直行道路上变换车道时也需要巧妙地操作。

与此相比，转向不足能保持汽车整体稳定。就算稍微偏离直行线一点也没有问题，因为前轮的偏移角比后轮的偏移角要大，在离心力的作用下汽车能自动回到之前的行驶轨迹上。当然，在转弯的时候，它也需要对抗弯道的离心力，所以你所需要做的事情只有一点，那就是稍微打一下方向盘，调整一下方向。除了一些比较极端的情况，一般的司机都是在还没有感知到转向不足的情况下就已经完成整个驾驶过程了。

汽车漂起来！

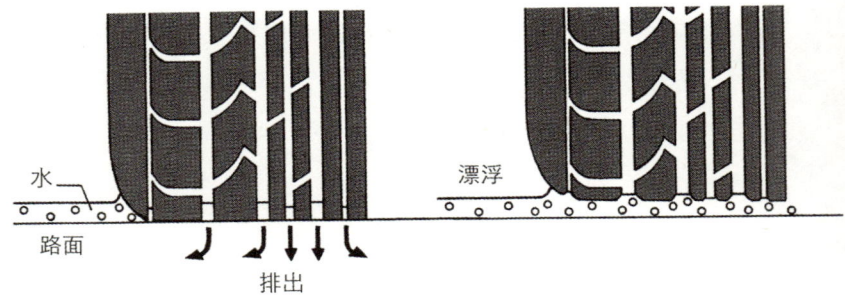

在一般道路上轮胎的表面都有凹槽，那些凹槽是用来排水的。这样雨天的时候，凹槽以外的部分都能和地面直接接触，从而得到最大的抓地力。然而，凹槽的深度是有限制的（新轮胎是8～9毫米），凹槽也会随着轮胎的磨损而变浅。因此，在道路处于积水（水深2毫米）状态，轮胎不是新轮胎的状况下，就算以正常速度行驶，凹槽里面也都会积满水，积水会向外面溢出来。这样一来，凹槽以外的轮胎和地面接触处就会形成水膜，轮胎就会漂浮在水膜之上，不能直接和地面接触。这个现象，我们称为滑水现象或者水膜效应。在这种情况下，轮胎的抓地力接近于零，方向盘也几乎失灵。

快速松油门

不用多说，大家也知道出现上面的情况是非常危险的，而且驾驶员无计可施。如果你遇到这种情况，要做的第一件事情就是松开油门。松开油门后，车辆的重心会自动转移到车辆前方去，顺利的话，抓地力也会恢复到原来的水平。但是实际上到底能不能恢复到原来的位置和当时的车速和路面状况有很大的关系，不能一概而论。有时候，在坑洼的道路上要比在平滑的道路上恢复得好。前驱车更容易发现滑水的征兆，因为前驱车在失去抓地力的时候前轮会开始空转，这时司机一下子就能明白出现了问题。后驱车如果发生滑水，方向盘会变轻，这一点驾驶员一般很难注意到。相对于后轮,前轮更容易出现滑水的情况。原因非常简单,因为前轮可以为后轮扫除路面障碍物。

驾驶辅助装置是什么

驾驶辅助装置是什么?

设计较新或是较高级的现代汽车都配备了方便驾驶员操作的电子式辅助装置,用以预防轮胎达到抓地力极限时的情况。ABS系统就是驾驭辅助装置之一,其目的是防止制动时轮胎锁死。

抑制空转的 TC

牵引力控制系统(TC或TCS)的作用和ABS的正好相反,其目的在于防止汽车在加速过程中驱动轮的空转及轮胎失去抓地力等情况。安装在汽车上的传感器(ABS系统也通用)感知到轮胎的空转后,空转轮胎所对应的机器就自动刹车或是减少从引擎处获得的能量。有时

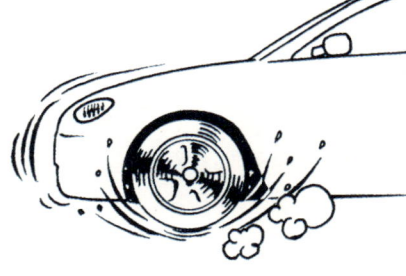

这两种方式会同时采用来抑制空转。

修正行驶轨道的 ESC 系统

　　汽车上也有叫作ESC（汽车电子稳定控制系统）的系统，这是一种防止侧滑的安全系统。这个系统主要用于由于转向过度或不足而快要失控的汽车的调节，它能分别锁住每一个轮胎，帮助驾驶员回到正常的行驶轨道。它是TC系统的又一次升级，是一个更加精练并集大成的突破。

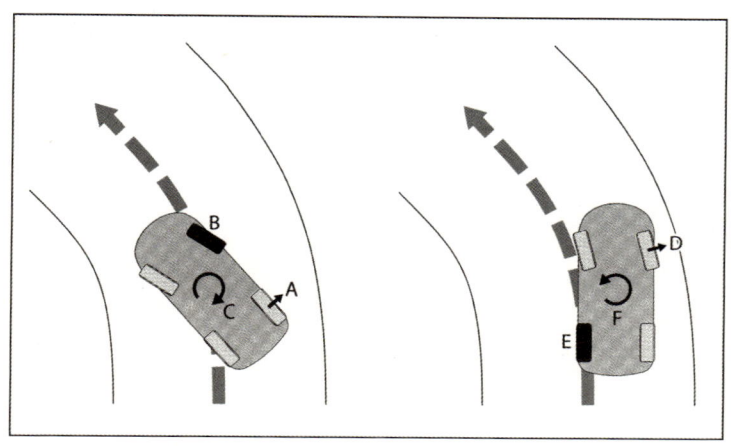

　　ESC的示意图。有的制造商也称之为ESP（车身电子稳定系统）。左图所示的是转向过度的偏移角过大，快要打滑时的状态。为了对抗让汽车侧转的横向作用力A，就会锁住前外侧轮B，这样瞬间产生的力C就能抵消作用力A。右图是转向不足时的情况，为了对抗向外的作用力D，锁住内侧后轮E，这样瞬间产生的力F就能抵消作用力D，保持车辆正常行驶。

第6章

读懂宣传手册

前进
转弯
停止

选择正确的汽车

众所周知，汽车是现代最新技术的结晶。在汽车的宣传册上有许多专业词汇，很多人都无法理解。然而事实上，汽车的原理并不是非常难理解的。此外，当你了解汽车原理之后，你在选择汽车的时候就不会有太多的迷惑，你就能知道哪些功能是必要的，哪些功能不是必需的。比如，现在的ABS系统非常普遍，汽车上有没有安装这个系统对你应对紧急情况的方法选择会产生很大的影响。

说明书也是一样。比如，一般汽车的安全气囊开关是在副驾驶座那里。通常情况下，如果同行人中有小孩的话，都会把小孩放在儿童安全座椅上，这时候再将儿童安全座椅放到后排座椅上是最安全的。如果小孩不得不坐在副驾上，你一定要知道怎样才能取消安全气囊的功能，因为万一发生紧急情况，安全气囊也许会撞到孩子的头部，导致孩子受伤。就算不是为了防止各种受伤的情况，有能力的驾驶员最好还是了解整个汽车的运转原理比较好。因为汽车是由很多消耗型零部件组合在一起的，在理解它们的特性的基础上正确地使用它们，能大大增加汽车的使用寿命。

引擎是这样运作的

日本的多数汽车是使用汽油引擎的。就连使用充电马达作为辅助动力源的混合动力车，到目前为止燃料也依然是汽油。汽油引擎的作用原理是"自动循环"，当然就算你不懂专业词语，你也能开车。只不过，知道大概的组织结构，在汽车出现问题的时候，肯定对你是有帮助的。

自动循环的结构相对来说比较简单。用一句话来概括就是，将汽油和空气混合后用电火花点燃，将混合气体爆炸产生的能量转化为力并加以利用。下图中，在汽缸（筒状）中上下活动的是活塞，活塞的运动使汽缸的容积发生变化。当活塞在最高点的时候，汽缸的容积部分称为燃烧室，燃烧室里的混合气体在点火器点火之后会发生爆炸燃烧。爆炸燃烧产生的力

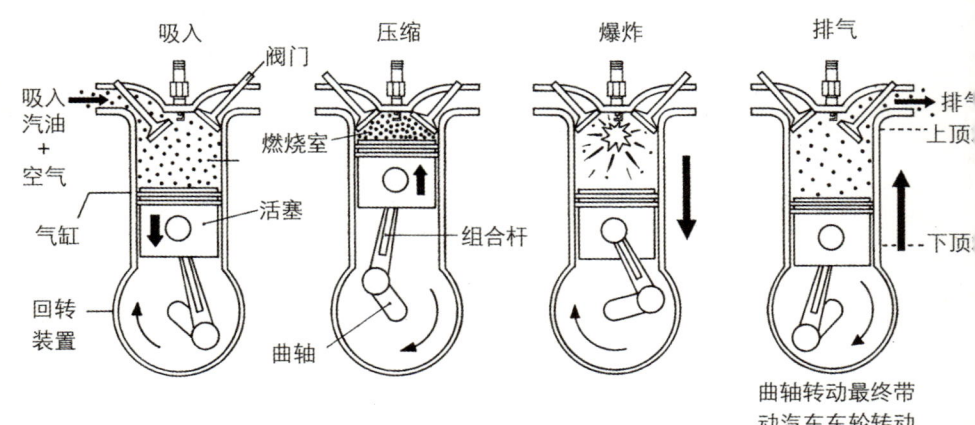

将与活塞连接在一起的组合杆下压，从而带动曲轴转动。这个转动的力，就是使汽车开动的原动力。

流行的四阀门发动机是什么

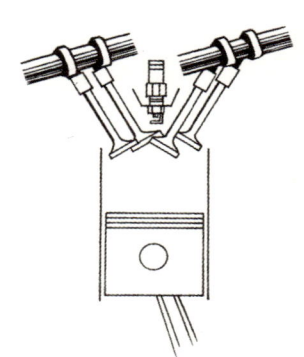

负责将混合气体吸入、密封于气缸的是安装在气缸上部的阀门。像倒蘑菇状的阀门里面有专门吸入混合气体的吸气阀门，也有专门释放燃烧后的气体的排气阀门。以前是一个气缸各配置一个阀门，现在为了提高吸气和排气的效率，所有汽车的气缸都分别配置了4个阀门，也就是排气和吸气阀门各2个，目的是为了高性能化。像这种配置标准，在以前也只有一部分的运动型车辆才能达到。

回到我们的话题上来，燃烧室里面气体快速燃烧产生的能量下压活塞。当活塞下压到最下面（我们称之为下顶端）时，打开排气阀，活塞就会朝反方向运动，在其上升的过程中废气就能从气缸里面散发出来。之后等活塞上升到最高处（我们称之为上顶端）时，关闭排气阀，打开吸气阀，在活塞下降的过程中大量的混合气体就会进入气缸。等活塞下降到底端的时候关闭吸气阀。这样一来，吸入的混合气体就能被密封在气缸里面，随着活塞的再次上升混合气体的体积就会被压缩。整个气缸活动的流程就是这样。在汽车行驶过程中，这样的动作不断地重复。

　　这一系列的动作，我们可以把它分成四个阶段（冲程），分别是吸入冲程、压缩冲程、爆炸冲程、排气冲程。也就是在活塞上下运动两次之间会发生一次混合气体爆炸燃烧。

V8 DOHC 高级吗

小型的摩托车一般只有一个气缸，因此其获得的能量是有限的，为了抑制震动摇晃，机动车就算是安装上飞轮也不能很好地运转。为了让车辆顺畅地运转，只能通过不断地增加气缸的数量，变成4缸、6缸、8缸、12缸等来实现。但是，也不是说气缸一味增加的引擎就是好引擎。因为气缸数增加的话，机器本身的构造就会变复杂，其制造成本也会相应增加。

气缸的容积是用"毫升"（立方厘米）来表示的，其实就是活塞行程乘以气缸面积，也就是活塞由上顶端到下顶端这部分空间（冲程，单位毫米）的体积。如果汽车的宣传册上写着4缸、总排气量属2000毫升的话，平均下来1缸的容积就是500毫升。如果总排气量不变还是2000毫升，有6缸的话，那么1缸的容积大约在333毫升。

这里要提一个专业名词——压缩比，表示将吸入的混合空气压缩的比例，一般没有安装涡轮增压器的汽车其比例是10:1。

凸轮轴是控制可以称为"引擎中枢"的阀门正常工作的零部件，通常是控制一个吸气阀和一个排气阀的工作。现在也有的车是吸气阀和排气阀各配备一个凸轮轴，即所谓的DOHC（双顶置凸轮轴）引擎。相应地，它的制造成本要比普通引擎高。

各种引擎

正如我们前面所说，如果活塞不做吸入、压缩、爆炸、排气这一系列动作的话，就无法带动引擎的转动。所以在启动引擎之前，需要先启动叫启动器的电动马达。在插入钥匙扭转启动引擎的瞬间，启动器就会开始工作，带动整体引擎的运动。

在日本，烧柴油的引擎主要用于货车或大型客车等车辆。而和汽油相比，柴油的燃料费相对来说比较低，属于节约型能源，所以在欧洲，轿车也有用柴油的。具体来说，在欧洲销售的大众及奔驰，一半的轿车都搭载着柴油引擎。

以粗柴油作为燃料的柴油引擎的工作原理和四冲程的汽油引擎几乎是一样的，只不过活塞吸入的不是混合气体而仅仅是空气。此外在燃烧方式上还有一个不同，柴油引擎是在结束了吸入冲程之后在活塞处于上顶端时进行空气压缩，之后朝压缩的空气喷射燃料达到点火的目的。要实现燃料的自燃，必须要通过压缩空气来实现空气温度的升高，此时的空气压缩比要比汽油引擎的压缩比高，大约是20:1。

有一种旋转式发动机是没有这种活塞的上下运动的。在蚕茧状的引擎里，饭团形状的旋转体在旋转时，同时进行着吸入、压缩、燃烧、排气等4个冲程。世界上各个汽车厂商一般都是从德国的汪克尔公司获得许可进行相关研究，可是到目前①为止，获得具体的研究成果、将理论转化为实际的只有日本的马自达公司。此外，随着石油枯竭及环境问题的加剧，新能源车及燃料电池车也受到了大众的关注。现在就有一部分厂商已经生产出了新能源车，后者的开发才刚刚起步，要取得相应的成果进行推广，还需要相对较长的时间。

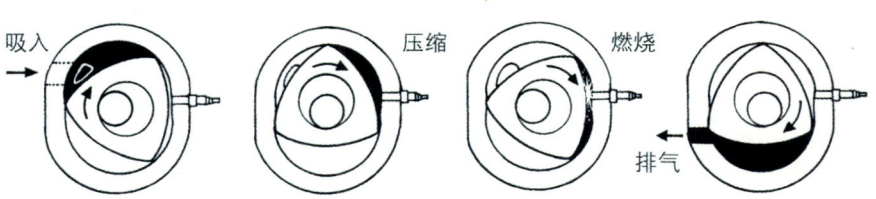

轮子引擎的4个冲程。轮子侧壁的洞口起着活塞、阀门的作用。

---

① 指成书时间，即 2004 年，下同。——编者注

仅靠发动机是无法移动汽车的

引擎的动力需要通过变速箱传递到驱动轮，所以变速箱是一个必不可少的装置。变速箱主要分为两类，一类是自动变速箱，一类是手动变速箱。前者是机器本身自动实现变速的，后者是通过挡杆调节不同的挡位。为了最大限度地引出引擎的力量，这两种方式都是不可或缺的。

增加力

为了使大家能更加清楚，这里举一个引擎的例子具体说明一下。但是，这仅仅是一个例子而已，不同引擎的性能是不同的。不踩油门的时候，引擎自动旋转的情况我们称为空转（无负荷运转），如果该引擎的空转速度是在700rpm（1rpm=1转/分钟）到6000rpm（超过该极限值的话，引擎会发生故障）之间，能发挥引擎最大力的转速是在3500rpm左右。这里所说的力和我们通常所说的马力有点不同，指的是扭转机轴的力，术语称为"扭矩"。

发生空转时候的力只是最大扭矩的几分之一，转速达到最大时也基本一致。这些关系如下图所示，请参考。下面图中表示的就是扭矩和旋转次数关系的曲线（我们称之为扭矩曲线），大家注意到该曲线呈山状。因为扭矩有这样的特性，为了发挥引擎最大的效果，所以变速箱的存在就是不可缺少的。

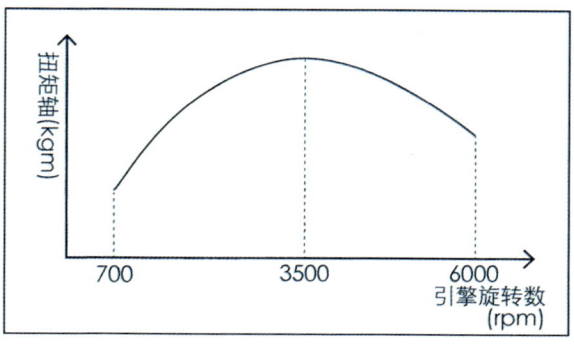

直接使用引擎产生的力让车辆还是无法移动的。因此，我们需要变速器的调节，从而增大牵引力。当你从低挡转到高挡的时候，扭矩会增大许多。比如，当从半径为1的挡位调节到半径为2的挡位的时候（挡位比2∶1=2），扭矩增加至2倍；当半径为1的挡位调节到半径为3的挡位的时候（挡位比3∶1=3），扭矩增加至3倍。结合杠杆原理，扭矩变化的原因大家应该稍微思考一下就会明白。不过，随着扭矩增大、动力增加，引擎的转速却是在减小的。比如，当扭矩增加到3倍的时候，转速也会随之减少至原来的三分之一。

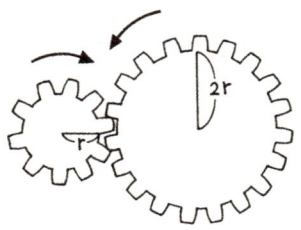

齿轮半径比为2∶1的2倍扭矩时的旋转数变成二分之一

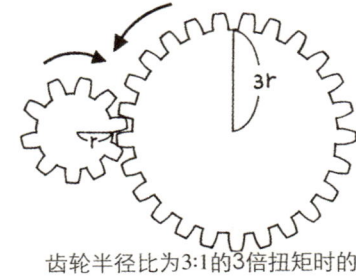

齿轮半径比为3∶1的3倍扭矩时的旋转数变成三分之一

增加速度

关于理论的说明就到此为止，接下来将结合具体的汽车实例来进行说明。一般依靠空转次数（现实中的空转次数更高）来启动的汽车，在将油门踩到底的瞬间会达到其最高转速。让重1400千克的汽车以最快的速度启动，当引擎到达最高转速时，反应到汽车速度上来也就只有30~40公里/小时。这种反应速度比较慢，同时总让引擎处于高速运转状态下会增加油耗、缩短引擎寿命。

因此，可以专门让1挡来启动汽车，将汽车从静止状态调整到行驶状态。随后将挡位调到2挡。随着速度的不断增加，你可以及时进行换挡，以使汽车达到最好的行驶状态。挡位调节得越多，就越容易发挥汽车引擎的最大功率。现在普通汽车的挡位一般是1~5挡，运动车型一般是1~6挡。

间歇用力的离合器

为了让大家更容易理解我所说的内容，我省略了一个非常重要的部件：离合器，即手动挡车3个踏板中最左边的踏板。

我们前面也说到，引擎所产生的力是通过变速器来传递的，但是在这个力的传输过程中如果没有离合器存在，在停车的时候引擎依然会处于工作状态。如果没有离合器，在踩刹车的时候引擎会慢慢降低转速，整个车会颠簸起来，有时候甚至会熄火。这种情况下，坐马车都会比坐汽车舒服，因为马车可以根据情况想停就停、想走就走。

这时候，该离合器上场了。简单来说该离合器就是由两个圆盘组成的。如果是小型车的话，其大小就比一张光盘稍微大一点。当两个圆盘互相接触的时候就会传递动力，互相分离的时候动力传递就会中断，这种操作就是靠你的左脚踩离合器和松离合器来实现的。

要启动汽车的时候，可以先踩离合器，挂低挡，之后再慢慢放开离合器。这样的话，引擎侧的飞轮和离合器从动盘会依靠弹簧的作用力开始慢慢接触，将动力传递到驱动轮上。这时候，如果松开离合器的速度过慢，离合器从动盘很早就会开始磨损，所以需要格外注意。与此相反，如果你一下就整个松开离合器，车辆虽然会朝前跑，但会产生极大的冲击力并造成引擎熄火。驾驶员如果用2挡驾驶车辆，引擎的旋转速也在稳步上升，这时候就需要踩离合器控制挡杆，但是这种情况下是不需要慢慢松离合器的。

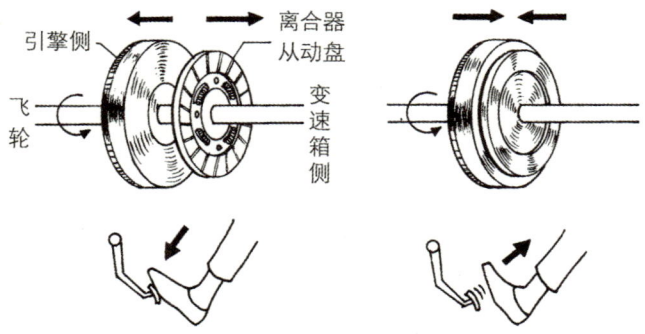

有一点希望大家牢牢记住：如果你总是将离合器踩到底不放松，为了带动离合器从动盘的运动，轴承需要承受巨大的负担。因此，在等红绿灯需要停留好几秒的时候，最好不要踩离合器，直接挂空挡等待。

同步器的登场

纵观汽车的发展史，我们可以知道技术人员和设计者们花了很长时间来解决如何顺利实现变挡、怎样开发变挡机器等问题。变挡就是使正在运动的挡位和静止的挡位相互契合，所以在变挡的时候出现声音或是挡杆产生震动都是正常现象。

技术人员经过长时间的研究，参考齿轮的同时咬合装置，最终实现了顺利变挡。现在几乎所有的汽车上都安装了这一方便变挡的装置。

解放左脚

将驾驶员从不断地踩离合、松离合这样的操作中解放出来的就是自动变速箱。现在市场上的自动变速箱有好几种，这些变速箱的主要区别就是内部所用齿轮或不用齿轮改用滑轮等组合件的不同。一般的自动变速是通过油压和电子力来实现的，后者的齿轮比是不固定的，经常发生变化。现在很多汽车安装的CVT系统（无极变速系统）就是实例。

前者在数量上是占绝对优势的，而后者一般被称为自动装置。自动装置里没有配备离合器，在驾驶的时候代替离合器的就是我们通常所说的变矩器。变矩器如字面意思所示，它可以自动实现增加扭矩，承担一部分变速功能。虽然CVT主要是"电磁式离合器"，但其和普通的离合器一样，都是自动实现调节的。顺便说一句，"F1式"的自动挡车也配有自动离合器。

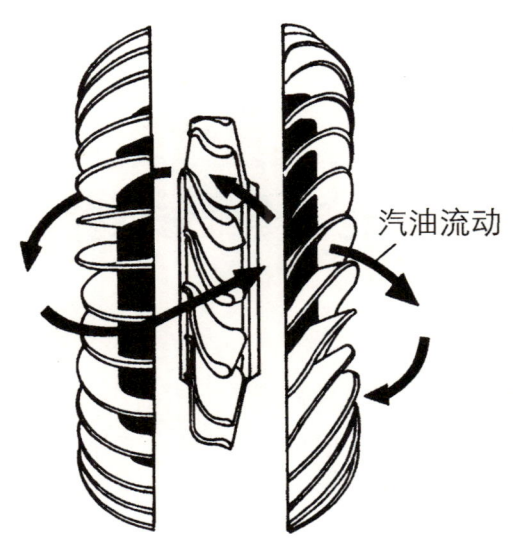
汽油流动

第7章

汽车的朝气

前进

转弯

停止

驾驶时也需要维修保养

各位车主肯定会有这样的想法，那就是尽可能地让爱车的安全性能一直保持在最优状态。你的这些愿望能否实现，在很大程度上取决于你开车的方法及车辆的维修保养情况。

对汽车进行日常检查、维修保养是非常重要的。不管是哪个品牌的汽车，他们都会推荐你去他们自己的销售点定期保养。我也赞成送汽车回自己专门的销售点去保养，因为本品牌销售店里面的人是最熟悉自己车辆的。此外，店里面也有相配套的修理工具，店里面的人一开始就明白车辆哪些地方需要注意，在实际维修保养的时候能省却那些不必要的麻烦。一般汽车都是附有保修卡的。在检查的时候，需要在保修卡上详细记录相关数据和具体检查的时间等，这样别人一看你的保修卡就知道你是经常定期来检查的，以后就算是卖车也能稍微卖个好一点的价格。

自己可以做到的事

要使汽车经常保持良好的状态该怎么办?

就算你不是汽车专家,在日常生活中你能够做到的事情也非常多。如果你想开开心心开车的话,那么请一定按照下面的方法对待自己的爱车。

> 不要热车

刚启动的时候引擎还是冷的,所以很多人喜欢用空转来给引擎加温。这种办法并不好,请不要这么做。建议大家慢慢等待,平稳驾驶。这样的话,引擎的消磨损耗比较小,催化剂的接触比较充分,空气也是在引擎里面充分燃烧后才排出,相对比较清洁。

> 慢慢开始行驶

刚启动引擎后的几分钟之内,最好不要高速行驶。至少要等冷却液温度达到60℃左右,才可以踩油门加速。判断冷却液是否达到60℃的标准就是水温计的指针有没有超过刻度的1/3。

避免高负荷

在引擎处于低温状态时,如果低速转动引擎,引擎会承担很大的负荷。这里所说的负荷是指施加在引擎上的负担,比如突然启动、加速、爬斜坡、装载重物等,都属于给引擎增加负担。

勿超极限

当引擎预热完毕之后,在驾驶过程中不要超过引擎规定的最大转速。在转速表中,禁止使用的转速都是用红色区域来表示的。如果转速表中没有这些红色区域的话,你就需要好好看看汽车的说明书了解一下。如果说明书中也没有这些内容,那么说明书中肯定介绍了各个挡位所容许的最高速度,请一定要记住这些内容。

换挡要有张有弛

手动挡车在变速的时候一定要完全踩死离合器,将离合器的踏板踩到底。然而在操作变速杆的时候,要稍微轻一点。如果情况不是很急,你可以稍微观察观察,再看准时机进行换挡。虽然手动挡车可以在2挡的情况下启动,但是一般还是建议在1挡的情况下进行启动。

避免"停车打方向盘"

在开车时注意不要将轮胎撞到道路边缘凸起的路边石。一旦撞上,会给轮胎、轮毂带来一定的损伤,对于汽车方向盘也会产生不好的影响。要避免在车辆停止时打方向盘。停车的时候速度慢一点,当距离车位10～15厘米的时候就可以开始打方向盘慢慢调整了,这种停车方法对车辆不会造成任何伤害。如果不提前打方向盘,而是一边接近路边石一边停车,就会很容易直接撞上它。撞上之后,请不要继续打方向盘。

对轮胎气压进行检查

平时至少一个月要检查一次轮胎的胎压，检查的时候要保证轮胎尽量处于常温状态。如果达不到常温状态，就算轮胎之前跑过，也要在行驶距离少于两公里左右检查比较好。轮胎的标准气压值在车门里面或是说明书上有详细记录，请参考上面的数值。如果轮胎的气压值不够，不仅气压消磨快，也特别危险。在行驶的时候会导致车辆操作性能变差，长时间高速行驶会出现爆胎等情况，导致一些交通事故。此外，在轮胎胎压不够的情况下，轮胎的转动阻力会变大，进而导致汽车油耗增加。

注意不均匀磨损

要定期对轮胎的磨损情况进行检查。随着行驶距离的增长，轮胎的磨损是不可避免的，但是左右两边的轮胎磨损情况必须是一致的，磨损程度如果不均匀，就无法正确表示方向盘、悬架等几何参数的变化，这种情况就只能去销售店拜托专业人员进行调整了。实际上，如果轮胎凹槽的深度在2毫米以下，按照规定是要强制报废的，因为这种情况下的轮胎在雨天时特别容易打滑，进而导致方向盘失控。

冬天时的注意事项

冬天的时候，如果非必要，尽量不要使用刹车。因为在刹车系统的线路处于潮湿或是结冰状态时，踩刹车之后车辆就会一直处于刹车状态无法前进。相反，手动挡车用1挡或是倒车挡，自动挡车挂P挡的话，在停车时车辆就不会突然动起来。

如果你的爱车自带空调，那么就算不需要用，你也要一个月开几次空调。这样做的目的是润滑压缩机，延长它的使用寿命。

质量第一

关于燃料

现代汽车所使用的燃料,是从原油里面提取出来和其他化学物质进行复杂混合后的精制油。比如在石油中,为了抑制其异常燃烧就在里面增加了一些添加物。异常燃烧,又称"爆燃",是由于燃烧室内部有温度过高的热点,这些热点在发动机工作时产生新的火源,在压缩行程终了、火花塞没有跳火之前,炽热热点就已经点燃混合气。如果这个过程一直持续,最后活塞会因为过热而融化,出现开口。阻止这种异常燃烧发生的,就是汽油里面的最低辛烷值。一般用研究法来表示辛烷值,其单位是RON。辛烷在汽油和轻油里面都有,除了辛烷之外,其他添加物的主要功能有:防止碳素堆积在燃烧室、活塞、管道附近;让活塞环更加顺畅地运作;在高温环境下保护各种管道。

使用指定的汽油

　　为了发挥出引擎的最大性能，汽车制造商们想出了最低辛烷值这个表示方法。一般的数值为95或98（RON）。现在汽车一般都采用计算机配备了延迟火花塞点火时间的爆震传感器，只要有这个传感器，就算燃烧的汽油的辛烷值比较低，也不会对汽车本身造成多大的直接伤害。但是要确定的是，这样汽车的性能会变差，长此以往还会导致排气管附近出现明显的伤痕。如果运气不好，加的油辛烷值比较低，那么在开车的时候千万不要把油门踩到底。但也不是说汽油的辛烷值越高越好，对于汽车来说，使用辛烷值太高的汽油仅仅是浪费钱而已。

　　在欧洲，一般的家庭用车都指定加95号汽油，高级车或是运动型车的引擎比较强，因此一般使用空气的压缩比比较大的优质汽油，这种优质汽油的辛烷值在98RON以上。

　　在日本，不管是日产车还是进口车的说

明书或宣传手册上，一般都只有使用"无铅汽油"或"无铅优质汽油"等字眼。根据规定，无铅汽油的辛烷值一般是在89～91RON，优质汽油的辛烷值在98RON以上（不同的品牌会有一定差距，有的品牌是100RON以上）。在比利时，有的进口车标明的95RON的汽油指的不是普通汽油，而是优质汽油。

轻油

和汽油一样，轻油引擎使用的柴油里面也有很多的化合物（相当于辛烷值的"十六烷值"）。从燃料的种类来看是同一种，只是夏天时的成分和冬天时的成分稍微有点不同。因为在零下10℃左右的时候，燃料有可能变得浓稠，无法从油箱供给到泵里面。因此，炼油厂会经常检查气温和成分的关系，当气温低的时候，就会送一些稍微稀释一点的汽油去加油站。如果你无法买到冬天用的柴油，你可以使用稀释了的汽油，不过汽油只能稀释10%左右。在稀释搅拌的时候，会起很多的泡，此时将汽油倒入油箱里并不容易，要等泡消得差不多了之后慢慢地将汽油倒进油箱。

选择品牌

不管是汽油还是柴油，在选购的时候一定要买那些比较出名的牌子。因为有名的制造商出产产品的质量是可以得到保障的。辛烷值、含硫量、含铅量等都是合乎基准的，你可以安心使用。就算是无铅的汽油里面也会含有少量铅，所以这个是没有问题的，问题是燃料里面含铅量的多少。如果燃料里面含铅过多，净化废气的三元催化器就无法高效率地工作，硫黄也会对引擎造成伤害；不仅如此，如果引擎配备有直喷式燃烧室，则会直接将NOx催化剂的功能摧毁掉。

根据目的添加油

这里的油，指的是加在汽车旋转部位和滑动部位的润滑油。润滑油的种类有很多，最近15年来，在不同领域，润滑油技术都得到了飞跃式的发展，构成汽车的组件（相比"零件"，组件本身具有作为一个机器的机能）每个都需要专门的润滑油。引擎需要专门的引擎润滑油，挡位需要挡位专用的油，自动挡的ATF（自动变速器）需要ATF专门的润滑油，这类组件的要求都非常严格和复杂。

例如，引擎的润滑油必须能忍耐150℃左右的高温。此外，在0～150℃的范围里，对于引擎润滑油的黏度变化还有要求——黏度变化要小。还有像活塞、轴承等经常高速旋转的部件会经受大量的摩擦，引擎润滑油也要能承受住这些摩擦。

读懂顺序

润滑油的黏度用SAE标准来表示。SAE标准是距今70～75年前（截至2004年）的工业规则，当时的润滑油还没有任何添加物或是添加物很少，接近于纯粹的矿物油。矿物油的黏度随着温度的变化会发生很大变化，所以就算是同一个引擎，也要根据季节的不同使用黏度不同的油。引擎润滑油的等级从流动性最好的SAE10开始，到SAE20等往后推算，数字越大黏度就越高，直到SAE50甚至以上。

现在，一般使用的润滑油是SAE10-50，也就是我们所说的多级润滑油。这个润滑油能全面满足SAE10到SAE50润滑油所要求的条件。只要你在温带气候使用，它就能一整年满足汽车的所有润滑需求。如果是在寒冷的国家开车的话，可以使用SAE5W-20规格的润滑油。W是表示可以在冬天使用的润滑油。

注意不要放多

因为能降低汽车的保养费用，所以黏度范围值越大的机油越实用。现在，随着引擎技术及过滤技术的发展，机油交换期正朝着长期化的方向发展，在这过程中添加在合成油及半合成油中的化学添加剂起了很大的作用。现在很多汽车制造商推荐的换油里程是20000公里或30000公里左右，50年前这个数值只有2500公里至4000公里。现在的机油可以使用一整年了。

引擎机油的交换间隔能变得这么长，和其品质有着极为重要的关系。大家在选择机油的时候不要仅仅只考虑价格因素，最好是买那些值得信任的机油品牌。虽然不同机油混合在一起使用没有什么大问题——不仅是机油混合没问题，就算是合成油和矿物油混合在一起都没问题——但由于不同机油所添加的添加物种类不尽相同，所以在加机油的时候最好还是加和之前一样的机油。关于引擎机油还有一个很重要的问题，就是量。注入过多是百害而无一利的，因为过剩的机油会最终堆积在引擎内，给引擎带来损害。

重要的是等级

即便是汽车厂商推荐的机油，你也不必一定使用。老实说，有很多机油的厂商和汽车厂商为了双方的利益经常会为对方做宣传。选购机油有两个依据，第一是看这个机油是不是著名品牌，第二是看这个机油的各项指标符不符合汽车厂商指定的SAE标准。

变速箱机油的黏度要高于引擎机油的黏度，但是现在也有逐渐变稀的趋势。当油的黏度越来越大时，它产生的搅拌损失会随之增大，汽车的油耗也会相应增大。ATF是一种特殊配置的机油，不仅能润滑挡位，也能让轴承使变矩器更大限度传递马力，带动变速器内部的刹车和离合器（和司机所踩的外部的刹车、离合器不一样）运动。更换ATF的时候，最重要的是选择和新车时第一次所加的机油同等级的机油。一般机油的寿命和汽车的寿命差不多，因此也不太需要更换机油。

Coolant 是混合物

　　Coolant指的是冷却液。刚开始车还很新的时候，汽车的冷却液就是单纯的清水。当然，在冬天的时候不排除清水结冰的可能性。实际上，我们所使用的清水冷却剂里面是加入了一点点防冻剂的。如果清水冷却液结冻的话，散热器就会被破坏，气缸中部或是顶部抑或是这两个地方会产生积水，滋生微生物。现在除了气冷引擎之外，所有的引擎里面都注入了至少能忍耐零下20℃左右的液体。冷却液的主要成分是甘油。

　　冷却回路是密封式的，随着温度的上升，它会自动给冷却液加压，冷却液的沸点也仅仅比水的沸点高100℃而已。一般来说，这种冷却方法是不需要辅助其他手段的，只不过如果冷却液减少了的话，我们就需要检查一下是不是哪里发生了泄漏。在补充冷却液的时候，最好是使用和之前同一品牌的冷却液。当出现过热的时候，直接加入清水也是可以的，但在那之后需要将所有的液体全部排出，重新注满冷却液。因为混入水的冷却液不仅容易结冰，散热器、引擎内部的流水通道还会因为水分而腐蚀生锈或堆积水垢，继而降低效率。

汽车是反映司机的镜子

常见的飞石

如服装一样,汽车也是反映主人的一面镜子。实际上,汽车是一项贬值的投资项目,随着时间的流逝,其价值会越来越低,所以在日常开车中保持汽车的外观整洁完好是非常重要的。

幸好,现在的汽车与20年前的汽车相比抗锈能力提高了许多。许多汽车厂商在车身比较容易生锈的骨架部分及外侧金属盘等地方都直接使用特殊材料——镀锌板材。有的厂商直接用镀锌材料或铝材料来做车身,用塑料来做保险杠。此外,像底盘之类暴露在外面的部分除了有自身的镀锌材料的保护之外,还在表层涂装厚厚的防锈化合材料,有的汽车厂商甚至会在外面加保护壳。这个保护壳既有防锈的作用,也有防噪声的功能,是真正意义上的"一举两得"。虽然做了很多的防锈措施,但不能说汽车就一定不会生锈。比如在路面行驶的时候,飞石撞到汽车上;又比如在高低不平的道路上行驶的时候,很容易就将底盘上面的保护层刮掉。这些将保护膜或镀锌材料刮掉的事情在日常生活中是很常见的。此外,对出事故后的汽车进行修复时,将保护层磨掉也是有可能的。

注意下面

我们必须定期将汽车放到升降机或千斤顶上来检查底盘,看是否有损伤、有需要修理的地方。冬天,特别是在山麓地带的道路上,为了融化积雪路面会经常撒一些容易腐蚀汽车表面的盐或化学物品。这类东西一旦沾到汽车表面,车就很容易生锈。如果在这类道路上行驶,之后一定要尽快清洗汽车下面底盘部分。在清洗的时候,特别需要注意翼子板附近,因为那里比较容易堆积上述东西。就算从来没有在上述道路上行驶过,一年也要至少清洗两次自己的爱车。

小伤口自己修

如同时尚对于女人来说是必不可少的东西一样，汽车的外表也是非常重要的。我们需要时不时地花一些时间来仔细观察一下汽车的涂装表面，看看是否有问题。特别需要注意观察汽车的前方，因为前方经常会有一些小飞石跳起来砸到上面。如果前面有一些小刮伤，你需要去销售点买一些同色的补漆瓶，自己进行补漆修复。补漆瓶有配套的小刷子，只要用小刷子蘸着漆，在上面刷平就可以了。不过，新手在刚开始刷的时候，刷出来的颜色和汽车本身的颜色还是有一点差距的，这一点大家要提前了解。

洗车要用足够的清水

考虑到汽车的美观问题，还是定期洗车比较好。如果是自己亲自洗车，一定要用柔软

的海绵和大量的清水来洗，洗的时候注意不要刮伤爱车。使用自动洗车机进行清洗的时候，最好使用软刷，可以防止汽车表面被擦伤。其实，现在市场上的洗车机都是比较粗暴的，在洗车过程中都会对汽车表面的涂装层造成伤害，但由于这些刮痕比较小，肉眼无法看见，只有在太阳的照射下才能很轻易地看出来。如果汽车长时间停放在外面的话，请一定要经常洗车。因为，当汽车停放在外面时，空气中的灰尘会大量落在汽车表面，侵蚀表面的涂装，最终涂装会生锈，失去原本的光泽。其中鸟粪是涂装的天敌，如果不尽快洗掉的话，鸟粪的痕迹会一直留在涂装上面。昆虫的尸体也是一样，所以遇到这种情况的时候一定要用大量的清水尽快冲洗干净。

　　如果你要你的爱车总保持和新买来时一样光泽鲜亮，至少每年要给你的爱车做一次高质量的打蜡护理。像引擎盖、前翼子板这类直接暴露在太阳底下的地方，可以适当增加打蜡护理的次数。像这些需要进行打蜡护理的地方，其实在出厂的时候工厂已经给涂装面做过充分的护理了,所以在打蜡的时候要小心,不要过度打磨,以至于将之前的涂装层刮掉。在进行打蜡工作时,你也可以趁这个机会对汽车进行全面的检查。如检查一下前车玻璃处的雨刷,如果发现雨刷的橡胶老化,可以顺便将橡胶替换掉,这样让自己的爱车始终保持良好的状态。

里面也要干干净净

最后说的这件事听起来会有点奇怪:你能忍受自己穿着美丽的礼服、帅气的西装却穿着脏脏的内衣吗?

汽车也是一样。外面经过打蜡处理,干净得闪闪发光,可是引擎盖里却非常脏,充满泥土和灰尘。这是不行的。将汽车弄干净是非常简单的一件事情。一般的汽车商店都会卖一种专用的喷雾器,用喷雾器对准引擎及其周边脏的地方喷,10分钟之后用清水冲一冲,就能将所有脏东西洗掉。需要注意的是,在喷雾的时候不能直接喷在电气零件、电池及正负电极上，所以喷之前要用东西盖住它们。对于日常保养做得非常好的汽车的主人来说，这样做不仅能获得成就感，也能在卖车的时候卖个好价钱。

最后，祝愿大家有个美好的汽车之旅！

保罗·弗雷尔

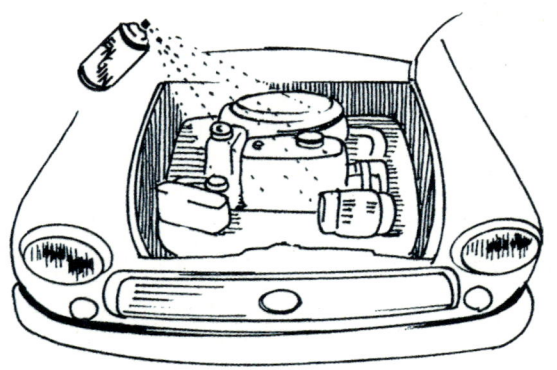

出版后记

汽车，是我们日常生活中使用最广的交通工具之一。自汽车诞生之日，人们就在努力提高汽车的制造水平，同时不断完善驾驶技术、汽车的舒适性和安全性。与此同时，包括公路、维修点、加油站在内的配套设施也在不断地进步和改善。公交车、出租车、货车等各种汽车让我们的生活越来越方便。随着中国经济的快速发展，人民的生活水平不断提高，生活节奏也日益加快，越来越多的家庭购买了汽车，自驾出行已经成为很多人的生活方式。

随着汽车数量的增多，公路的拥堵状况开始日益严重，各类交通事故也日趋增多，这些事故都或多或少地造成了人员伤亡和财产损失。日本二玄出版社社长渡边隆男先生一向热衷于中日文化交流，为了帮助中国改善交通状况，决定将这本讲述在大城市如何正确地开车的书推荐给我公司出版。编写本书的初衷，就是为了让司机们保持平和的驾驶心态，尽力避免交通事故，学会安全驾驶，使汽车成为便利生活的好帮手。

本书的作者是来自比利时的前F1赛车手保罗·弗雷尔，作为一名非常有经验的司机，他从自己数十年的驾驶经验出发，对驾驶时的心态调整、驾驶的姿势要领、灯光的使用方法、刹车的注意要素、超车技巧和拐弯的重点、汽车自身的结构及保养等方面进行了详尽的介绍,并在书中回答了一些在开车时比较常见的问题。本书轻松而又不乏幽默的文笔、认真而细致的解说,使那些枯燥的汽车专业术语变得活泼可爱。此外,作者还将自己对于人生的感悟融入字里行间,在书页里蕴含着对新手司机们安全驾驶的期望,乃至于幸福人生的美好祝愿,让每一位司机从驾驶中体会到人生的哲学。

平安出行离不开每一位交通参与者的共同努力,在这里,我们希望每一位司机小心驾驶,保持平和心态,注意交通安全。祝愿每一位司机朋友都能够安全出行。

服务热线:133-6631-2326　188-1142-1266

读者信箱:reader@hinabook.com

后浪出版公司

2016 年 6 月

图书在版编目（CIP）数据

前进·转弯·停止：知进退才能开好车 /（比）保罗·弗雷尔著；汪云云译. —南昌：江西人民出版社，2016.9

ISBN 978-7-210-08627-7

Ⅰ.①前… Ⅱ.①保… ②汪… Ⅲ.①汽车驾驶—基本知识 Ⅳ.①U471.1

中国版本图书馆CIP数据核字(2016)第174368号

著　者：ポール　フレール
書　名：『はしる・まがる・とまる』

初版年：Originally published in Japan in 1993 by Nigensha（二玄社）
本书中文版由二玄社授权银杏树下（北京）图书有限责任公司出版
版权登记号：14-2016-0162

前进·转弯·停止：知进退才能开好车

作者：[比]保罗·弗雷尔
译者：汪云云　责任编辑：刘莉
出版发行：江西人民出版社　印刷：北京天宇万达印刷有限公司
889毫米×1194毫米　1/32　5.75印张　字数76千字
2016年9月第1版　2016年9月第1次印刷
ISBN 978-7-210-08627-7
定价：32.00元
赣版权登字 -01-2016-430

后浪出版咨询(北京)有限责任公司 常年法律顾问：北京大成律师事务所
周天晖 copyright@hinabook.com

未经许可，不得以任何方式复制或抄袭本书部分或全部内容
版权所有，侵权必究

如有质量问题，请寄回印厂调换。联系电话：010-64010019